Eigentlich passen die beiden gar nicht zusammen: Waltraud, die sich gern vornehm gibt, und das bodenständige Mariechen. Doch auch wenn sie einander ständig missverstehen, meistern die Freundinnen das Leben gemeinsam. Sie reisen und feiern, nehmen am kulturellen Leben teil, bringen sich auf den Stand der modernen Technik und beweisen, dass die Erotik im Alter kein Tabu sein muss. Es gibt vieles, was Jüngere von den rüstigen Damen lernen können: Wie lassen sich Hotelpreise drücken? Worauf sollte man beim Schenken achten? Und was verrät der Inhalt von Badezimmerschränken über die Besitzer? Auch wenn das Leben kein Fleischsalat ist – mit Waltraud und Mariechen ist wenigstens für jede Menge Spaß gesorgt.

Volker Heißmann und *Martin Rassau* sind eines der erfolgreichsten Comedy-Duos in Deutschland. Sie füllen mit ihren Bühnenshows Theater und Hallen, treten u. a. im «Musikantenstadl» und bei «Verstehen Sie Spaß?» auf, haben eigene Fernsehshows und Radiocomedys, spielen und inszenieren Opern, Operetten und Komödien. In ihrer Heimatstadt betreiben die beiden darüber hinaus mit der «Comödie Fürth» das erfolgreichste Privattheater Bayerns.

Volker Heißmann und Martin Rassau

WALTRAUD & MARIECHEN

Das Leben ist kein Fleischsalat

Rowohlt Taschenbuch Verlag

Originalausgabe

Veröffentlicht im Rowohlt Taschenbuch Verlag,
Reinbek bei Hamburg, Oktober 2011
Copyright © 2011 by Rowohlt Verlag GmbH,
Reinbek bei Hamburg
Umschlaggestaltung ZERO Werbeagentur, München
(Abbildung: © Mile Cindric)
Fotos im Innenteil von Thorsten Wulff,
außer S. 178 Foto von Uwe Schwarz
Satz Warnock Pro, InDesign,
bei KSC GmbH, Buchholz bei Hamburg
Druck und Bindung GGP Media GmbH, Pößneck
Printed in Germany
ISBN 978 3 499 62759 0

Gewidmet Ralph Emmert-Sinzinger,
der leider viel zu früh von dieser Welt gehen musste.

Inhalt

9	Einleitung
11	Im Zugabteil
28	Bad Kissingen
44	Im Hotel
48	Grafflmarkt
51	Beim Zahnarzt
54	Das Tischwaschbecken
58	Die neue Frisur
62	Fliegerpech
68	Zu Gast bei Mariechen
75	Hochzeitsmonat
79	Touristen in Nürnberg
88	Krankenhausbesuch
95	Oper Nürnberg
105	Mallorca, olé
113	Mörbisch
116	Die Kaffeefahrt
122	Beim Italiener
136	Flecken über Flecken
144	Klassentreffen
152	Mariechens Männer
157	Spaziergang

163   Geschenke

168   Kreuzfahrt

183   Casablanca

195   Mariechen erzählt von ihrer Geburt

198   Wie man Bären bindet – Mariechen erinnert sich

201   Fleischsalat

203   Nachwort und Dank

Einleitung

Liebe Leserinnen und Leser,

in der Tat, das Leben ist kein Fleischsalat, das mussten meine Freundin Mariechen und ich immer wieder feststellen. Im Laufe unseres langen Lebens und unserer noch längeren Freundschaft haben wir vieles gemeinsam, aber auch alleine durchgemacht. Jetzt, auf meine alten Tage, habe ich mir gedacht, ich muss einmal niederschreiben, was in unserem Leben so passiert ist. Keine Angst, das wurde kein langer Roman, vielmehr gibt es große und kleine Episoden aus dem Leben zweier rüstiger und fränkischer Witwen.

Und da wir nicht nur in Franken geboren sind, sondern hier auch sehr zufrieden leben, werden Sie unsere Sprache in diesem Buch kennenlernen. Ich hoffe sehr, Sie kommen damit zurecht. Wir haben da nämlich so unsere Eigenheiten, über die man beim Lesen gern mal stolpert. Ein T kennen wir gar nicht, wir sprechen dies immer schön weich aus wie ein D, so wird dann zum Beispiel aus dem Wörtchen «jetzt» ganz schlicht «edz». Zum Einstieg können Sie ja schon mal üben: «DodädidiDoddndoddnhi» («Da würde ich die Torte dorthin tun»). Aber eine Ausnahme gibt es: Beim Senf hängen wir ein knallhartes T hinten an, sodass es ganz scharf heißt «Senft». Sollten Sie das eine oder das andere einmal nicht richtig lesen können, fragen Sie einfach einen Franken. Den werden Sie bestimmt irgendwo in Ihrem Umfeld haben, denn Franken sind eigentlich überall.

Ich wünsche Ihnen ganz viel Vergnügen bei dieser leckeren Lektüre, und nehmen Sie nicht alles zu ernst, was hier steht. Ein bisschen Spaß müssen Sie schon verstehen, nicht umsonst sagen wir immer: «Wer keinen Spaß versteht, der soll sich einen Blumenstock holen, zum Friedhof gehen und warten, bis er dran ist.»

Ihre Waltraud Lehneis nebst Freundin Mariechen Betzold

Im Zugabteil

Mein ganzes Leben hab ich nun in Fürth zugebracht und bin immer stolz auf diese Stadt gewesen. Doch jedes Mal, wenn ich umweltfreundlich die Deutsche Bahn nutze, beginnen meine Zweifel. Denn von der Bahnführung wird meine Heimatstadt gnadenlos ignoriert. Haben die etwa vergessen, dass die erste deutsche Eisenbahn am 7. Dezember 1835 von Nürnberg nach Fürth gefahren ist – und auch wieder zurück? Und das Ganze planmäßig, mit so gut wie keiner Verspätung? Heute, einhundertsechsundsiebzig Jahre später, steht in Fürth ein fast schon verlassener Bahnhof, wo es nicht einmal öffentliche Toiletten gibt. Anscheinend denkt man bei der Bahn: Wo kein Zug hält, muss auch niemand Wasser lassen!

Ignoriert wird auch, dass Fürth in Bayern zu den Großstädten zählt, mit immerhin fast 115 000 Einwohnern. Und es ist nicht umsonst die sicherste Großstadt des Freistaats, selbst Verbrecher meiden sie. Außerdem, wenn wir schon dabei sind, war unser Fußballverein – die Spielvereinigung – dreimal Deutscher Meister! Gut, das ist schon ein paar Jahre her: 1914, 1926 und 1929, aber da war das Mariechen immerhin schon ein Jahr alt!

Das aber lässt die Deutsche Bahn kalt, lieber mutet sie ihren alten Fahrgästen zu, mühsam mit der U-Bahn nach Nürnberg zu fahren. Erst dort findet man Anschluss an das internationale Schienennetz, sofern man sich im Untergrund zurechtfindet und es schafft, nach oben zu gelangen.

Diese Hürde hatte ich genommen, und so stolzierte ich neulich in das nagelneue Kundencenter, um mir eine Karte nach Bad Kissingen zu kaufen. Der 120 km entfernte Kurort gehört zu unseren bevorzugten Ausflugsorten. Ob Mariechen auch den Zug nahm oder mit dem Fahrrad dorthin kam, war mir ganz egal. Irgendwann würde ich sie schon treffen. Als Bahn-Komfortplus-Besitzerin mit reichlich Vorzügen ausgestattet, musste ich mich nicht an den endlosen Warteschlangen der normalen Schalter einreihen, sondern konnte mich direkt an den BahnKomfort-Counter begeben. Etwas verwundert war ich schon, dass dort keine Menschenseele vor mir war, und damit meine ich nicht andere Kunden der Bahn, sondern Mitarbeiter. Ganz hinten in einem Büro entdeckte ich hin und wieder einen Kaffeebecher tragenden Angestellten, der aber keine Anstalten machte, mich bevorzugt zu behandeln. Erst auf mein lautes und deutliches Rufen: «Komm vor!», reagierte er sehr verschreckt. Nun wurde mir klar, warum es «Bahn Komm Vor plus» heißt!

Überraschenderweise dauerte der Ticketkauf gar nicht so lange, wie ich befürchtet hatte, und so spazierte ich noch sehr vergnügt durch die Unterführung zu meinem Bahnsteig. Nicht nur das Kundencenter war modernisiert, sondern der ganze Bahnhof: Es gab Rolltreppen zu den Bahnsteigen! Endlich hat man an ältere Menschen gedacht, schoss es mir durch den Kopf. Im selben Augenblick sah ich das Hinweisschild: «Auf der Rolltreppe müssen HUNDE getragen werden!»

Trotz Hauptbahnhof kein Zug weit und breit – nicht mal in den Katakomben.

Ich stutzte einen Moment. Wo nehm ich edz verdammt numol su spondan an Hund her? Doch da entdeckte ich hinter mir eine kleinwüchsige Frau mit Strubbelhaaren, die einen Cockerspaniel hinter sich herzog. Nutzt nix, dachte ich, ich hob ja a Fohrkarddn mit Zugbindung, ich mou edz dou naaf. Und schon hatte ich den Hund samt Leine an mir und fuhr die Rolltreppe nach oben. Die Frau hat sich zwar etwas gewehrt, aber sie hätte ja auch die Leine loslassen können. Ich hab nur BUM, BUM, BUM hinter mir gehört, mehr weiß ich nicht von der Frau, schließlich musste ich mich um den Hund kümmern, der sich, kaum dass wir oben am Bahnsteig waren, losriss und davonlief. Ich rannte keuchend hinterher, erst kurz vor dem

Bahnsteigende setzte er sich vor eine Art Telefonzelle und verrichtete mit verkniffenen Augen sein Geschäft.

Egal, schließlich war es nicht mein Hund. Aber diese Zelle, wo anscheinend die Durchsagen für den Bahnhof gemacht wurden, erregte mein Interesse. Ich blickte mich um: Weit und breit kein Mensch zu sehen. Um mir die Wartezeit auf den Zug zu verkürzen, sprang ich in die Zelle, schaltete das Mikrofon ein und rief mit sonorer Bahnhofsvorsteherstimme: «Sehr geehrte Fahrgäste auf Gleis 1–17, bitte beachten Sie: Der Zug fährt heute quer ein!» Plötzlich war ein turbulentes Leben auf den Bahnsteigen, ein Gedrängel und Geschubse, wie man es nur bei den Sommerschlussverkäufen früher gesehen hat. Für eine Weile fühlte ich mich glänzend unterhalten.

Doch auf Züge muss man immer länger warten, als man eigentlich gedacht hat. Nachdem ich vor lauter Langeweile sämtliche Wagenstandsanzeiger auswendig gelernt hatte, lief mir ein Bahnbediensteter über den Weg. Mit meinem Regenschirm erwischte ich ihn am linken Oberarm und zog ihn ganz nah an mich heran.

«Sogns amol», grollte ich, «wäi lang dauerdn edz des, bis der Zug nach Bad Kissingen kummt?»

Er kniff die Augen zusammen und öffnete kaum merklich seinen Mund.

«Konn nimmer lang dauern, die Schienen liegn scho da», brummte er mit fränkischer Freundlichkeit und ging weiter.

Bevor ich ihm noch einige Unverschämtheiten hinterherrufen konnte, rollte der Zug ein. Da Bad Kissingen wahrlich keine Weltstadt ist, hält es die Bahn auch nicht für nötig, auf der Strecke dorthin moderne Züge einzusetzen, sondern belässt es bei schon fast historischen Uraltwaggons mit den alten dreisitzigen pseudoledrigen Bänken, dem obligatorischen Bilderdruck aus fernen Zeiten und der viel zu hohen Gepäckablage. Um meinen Rollkoffer dort hinaufzuwuchten, musste ich Turnübungen vollführen: Ich stieg mit den Knien auf die beiden herunterklappbaren Armlehnen, hielt mich mit einer Hand an der Gepäckstange fest und schmiss ihn mit einer gekonnten Rückhand nach oben. Dabei verlor ich das Gleichgewicht, rutschte ab und schlug mit dem Kopf auf dem bereits ausgeklappten Vesperbrettchen auf. Etwas verdellt, aber sonst unbeschadet rückte ich mein Zebrakleid zurecht und nahm an der Abteiltür Platz. Durch den jahrelangen Einsatz des Zuges war die Polsterung bereits so abgegriffen und speckig, dass ich langsam von der Bank zu rutschen drohte. Nur in einer kerzengeraden, aufrechten Sitzposition gelang es mir einigermaßen, die Stellung zu halten.

Während der Zug aus dem Bahnhof rumpelte und ruckelte, überfiel mich eine angenehme Müdigkeit; ich schloss die Augen und begann einzuschlafen. Das heißt, ich wollte einschlafen, hätte mich nicht ein dumpfer Schlag gegen die Abteiltür sofort wieder geweckt. Erschrocken blickte ich durch die Glastür und sah sie: Mariechen! Mit einer hässlichen blassblauen Handtasche und einem noch viel hässlicheren künstlichen Friedhofsgesteck mit Tannenzapfen und Christrosen. Ohne einen Gruß rumpelte sie an mir vorbei, setzte sich ihre Reisetasche auf den Kopf, stemmte sich in die Höhe und verstaute sie auf der Gepäckablage. Beim Herabsteigen raffte sie ihren Rock, sodass man nicht nur ihre käsigen Schenkel zu sehen bekam, sondern auch die geblümten Damenkniestrümpfe mit dem blauen Abschlussrand. Sie plumpste in ihren Sitz und richtete sich ganz ungeniert die Strümpfe.

«Wou host denn du däi Strümpf her? Sind die nu vom Fasching übrig bliebn?», fragte ich meinerseits statt einer Begrüßung.

«Däi sind edz voll modern! Mit blauen Rand – damit mer sieht, wo däi Strümpf aufhörn!», nuschelte sie ganz überzeugt, während sie weiter herumnestelte.

Erst jetzt bemerkte ich, dass Mariechen überhaupt sehr seltsam gekleidet war, als ob sie in ihrem Schrank danebengegriffen hätte: Der Rock war mit wild umherfliegenden Schmetterlingen gemustert, und die florale, blütenübersäte Bluse hätte auch Dirk Bach im Dschungelcamp tragen können.

«Wäißt widdä rumläfst», schimpfte ich, «wäi a Gaasbuck im Melkamerla.»*

Mariechen fasste dies keineswegs als Beleidigung auf, sondern hatte mal wieder eine Erklärung auf ihre ganz eigene logische Art. Und während sie ihren Rock leicht anhob, damit man einen leichten Blick auf ihre hautfarbene Unterhose erhaschen konnte, erklärte sie: «Des is doch ganz einfach, däi Schmetterlinge fliegn in den Dschungl zum Wasserfall!»

«Hast du edz a Inkontinenzproblem?»

«Schmarrn!» Sie schüttelte empört den Kopf. «Ich bin doch evangelisch!»

Mit dieser Antwort hatte ich nun wirklich nicht gerechnet und wollte auch nicht weiter auf dem Thema herumreiten. So blickte ich einfach aus dem Fenster. Mariechen kramte in ihrer Handtasche und beförderte allerlei nutzlose Sachen heraus, die sie, ohne näher hinzusehen, neben ihrem Trockengesteck ablegte.

---

* Wie ein Ziegenbock im Melkeimer.

Als wir gerade durch Fürth fuhren, fiel mir etwas ein: «Soch amol, hob ich dich vurgestern net in der Stadt drinna gsehen?»

«Nein!»

Ohne ihren Blick zu heben, leerte sie weiter die Tasche aus. Ich war mir aber ziemlich sicher, sie gesehen zu haben.

«Nadürlich warst du in der Stadt, do am Eck vo der Hirschnapothekn warst, miid zwaa Plastikdüdn miid am langer Ding drin.»

«Was du widdä gsehen hom willst.» Sie schaute ärgerlich hoch. «Dees war ich net. Wall ich wor am Middwoch in der Stadt!»

Irritiert blickte ich wieder aus dem Fenster, dachte einen Moment nach.

«Ja, du Dolln, vurgestern wor doch Middwoch!»

«Gestern war vurgestern Diensdooch.» Mariechen verdrehte kurz die Augen, stopfte alle herausgewühlten Sachen zurück in ihre blassblaue Handtasche und schloss sie.

«Und am Diensdooch ist morgen Middwoch!», versuchte ich, ihrer Logik zu folgen.

«Und übermorgn is Samsdooch. Und», so setzte sie noch hinterher, «ich wor am Middwoch in der Stadt!» Bevor ich darauf reagieren konnte, warf sie mir entgegen: «Und do hob ich dich gsehen, wiesd an mir vorbeigrauscht bisd. Do am Eck vo der Hirschnapothekn! Ich wor dogstandn miid zwaa Plastikdüdn miid am langer Ding drin!»

Es hatte keinen Sinn, weiter nachzufragen. Ich war die Schuldige, die sie nicht gesehen hatte! Doch schon setzte Mariechen nach mit einem ihrer typischen Themenwechsel.

«Und am Samsdooch hom mir mit der Kirch an Ausflug gmacht, mit am ganz uraldn, klapprichn, rotn Reisebus, nauf nach Bamberg, wor fei* arch schäi! Do simmer sogar in den Dom nei.»

«Ihr als Evangelische hobt do neigedurft?», provozierte ich sie.

«Mir hom a gutgehende Ökonomie, do dürfn mir uns scho a weng errodisch verlustieren. Obbä eure katholischn Pfarrer, däi dürfn net, wechem Zölibat!»

«Dürfn dürfns scho, blouß erwischn lassn, dürfn sie sich net!»

Sie ignorierte meinen kleinen Spaß und fing wieder an, ihre Handtasche auszuräumen.

«Dees mit dem Zölibat is doch ircherdwie überholt, vielleicht änderns des ja amol. Ich mein, ob's die jetztichen Pfarrer nu erlebn, glaub ich zwor net, obbä deren Kinder bestimmt.» Bevor ich da etwas richtigstellen konnte, meinte sie noch leicht empört: «Und der eine Pfarrer scheints richtig nötig ghabt zu hom! Der is mir fei …» Sie beugte sich zu mir rüber und flüsterte geheimnisvoll: «… also der eine Pfarrer ist mir sogar nochglaufn! Wergli, nochgrennt scho fast … bis naus aufs Klo!» Damit setzte sie sich aufrecht hin und erwartete gespannt meine Reaktion.

«Warum gäihst denn du a in der Sakristei aufs Klo?»

«Doch net in der Sakristei! Do im Kirchenschiff hobt doch ihr links und rechts die Klohäusla.»

Ich ahnte Schlimmes.

«Des sind doch die Beichtstühle, da kann mer doch bloß knien!»

* «Fei» ist ein Füllwort, das im Fränkischen gern verwendet wird. Es heißt so viel wie «bestimmt», «gewiss», «wirklich» oder «aber».

Sie nickte leicht mit dem Kopf: «Dees gäiht fei bläid, soch ich dir.»

Ich schluckte. Sollte sie wirklich …? Plötzlich wurde mir auch etwas anderes klar.

«Edz was ich a, wer bei uns in St. Heinrich im Weihwasserbeckn seine Haar gwaschn hot. Do steht ja nu es Fläschla midm Apflschampon!»

Anstatt verschämt zur Seite zu blicken, nahm Mariechen den Hut vom Kopf und schüttelte ihre Haare. Apfelduft wehte mich an.

«Der is fei recht groß, der Salon Heinrich», meinte sie nur und setzte den Hut wieder auf. Dann blätterte sie in der mitgebrachten *Musikantenstadlpost.*

Mariechen – eine Kirchenschänderin! Wie sollte ich so was dem Herrn Pfarrer erklären? Vielleicht wäre es auch besser, vorerst sonntags eine andere Kirche aufzusuchen, bis Gras über die Sache gewachsen war. Dieser Gedanke beruhigte mich halbwegs. Mein Blick fiel auf das seltsame Trockengesteck, das noch neben Mariechen auf dem Sitz lag. Was wollte sie bloß damit? Ich versuchte es erst mal mit einer unverfänglichen Frage.

«Wo willst denn in Kissingen hin?»

«Zum Friedhof.»

Sie war inzwischen beim Semino-Rossi-Mittelseitenposter angelangt und betrachtete es verzückt. Ich war erstaunt. Hatte ich irgendeine Traueranzeige in der Tageszeitung übersehen? Mir war kein aktueller Todesfall bekannt.

«Soso, zum Friedhof», murmelte ich. «Wer is na gstorbn?»

«Na du!», antwortete sie trocken und nestelte an den Heftklammern, um das Poster aus dem Magazin zu lösen.

Ich glaubte, mich verhört zu haben.

«Iiiich? Ich bin doch net gstorbn, ich leb doch noch!»

Sie kramte nach ihrer Nagelfeile, da sich die Heftklammern ziemlich heftig an das Magazin klammerten.

«Des mahnst du!» Mit einem dumpfen Stöhnlaut gelang es ihr endlich, die Klammern zu öffnen. Sie entnahm das Poster äußerst sorgfältig und strich es auf dem Ausklapptisch glatt.

«Ich bin doch net gstorbn!», wiederholte ich.

«Des wor obbä in der Zeitung gstandn», beharrte Mariechen. «Und zwar in die Fürther Nochrichdn. Bei die Gstorbner!» Nun legte sie das Poster fein säuberlich zusammen. Aufgebracht riss ich es ihr aus der Hand.

«Du bist doch su eine Dolln! Des wor doch vo meine Enkel däi Geburdsdoochsanzeich zu meim Fünfersiebzigstn», schnauzte ich und schmiss ihr den Semino Rossi vor ihre hässlichen Schuhe. Sie blickte mich kurz mit einem messerscharfen Blick an, bückte sich nach dem Poster und streifte es wieder glatt.

«Obbä es war a schwarzer Rand drumrum.»

Auf meinen Einwurf, ich säße ihr doch leibhaftig gegenüber, reagierte sie überhaupt nicht.

«Sei halt net eigschnappt, Mariechen», versuchte ich es im Guten, «blouß wall ich net gstorbn bin. Ich dou dir doch net jedn Gfalln!»

Doch ihre Trotzigkeit blieb, sie schwieg und kümmerte sich nur noch um ihr Poster, das sie überraschenderweise in der Mitte auseinanderriss und in den Abfallkorb warf: «Und den hob ich nu nie leidn könna!»

Bevor die Stimmung im Abteil noch frostiger wurde, versuchte ich, sie etwas abzulenken.

«Der Cloggs-Kuni ihr Geburdsdoochsfeier wor doch arch schäi, oddä? Endli hots amol widdä außerhalb vom Krankenhaus gfeiert.»

Mariechen hatte anscheinend nur darauf gewartet, dass ich dieses Thema ansprach.

«Och, däi Feiern im Kranknhaus hob ich scho bald nimmer sehn könna. Immer host do aus däi Infusionsbeutl trinken müssen. Und dann hots immer vo ihrm Abendessen des Pumpernikl und den Streichkäs aufghobn und uns dann in der Bettpfanna serviert. Ekelhaft wor des, einfach ekelhaft.»

Ich konnte ihr nur zustimmen, besonders elegant waren die Partys am Krankenbett von der Cloggs-Kuni wirklich nie.

«Obbä», schnatterte Mariechen weiter, «su bsonders wors in dera Wirtschaft – … wie hats numol gheißen … ‹Landhotel Drei Kronen› – auch net. Erschd däi weidä Fahrerei, fünfunddreißig Euro hob ich fürs Taxi zahlt. Und dann tuts rum und hat ohgebn, dass mir essen können, was wir wolln. Dabei wor nur ein Gericht auf der Karddn gstandn!»

Mir schoss die Erinnerung und mit ihr der unangenehme Geschmack von damals wieder hoch.

«Strammer Max.»

Mariechen schüttelte vehement den Kopf.

«A Sulzn hots gebn!»

«Strammer Max.» Ich war mir ganz sicher.

«A Sulzn!»

«Strammer Max!»

«A Sulzn!»

Es war besser einzulenken.

«Stimmt! A Sulzn hats gebn. Aber der Kellner hot Max geheißn, und der wor su schwabblerd wäi die Sulzn!»

Zufrieden, recht gehabt zu haben, glotzte Mariechen zu mir rüber und empörte sich weiter.

«Und mei Gschenk hob ich a wieder mitnehma könna! Wall wie ich nei bin ins Restaurant, hob ich mein Hut runter und auf an Tisch glegt, um der Cloggs-Kuni besser gratuliern zu könna. Nochdems mich fünfmal abknutscht hot, is ihr Blick auf den Tisch gfalln, sie hot sich mein Hut gschnappt und gschriea: Ach, is des a arch schäiner Hut, su an wolld ich scho immä hom! Dann hob ich halt des Galama wieder mit heimgnumma.»

«Momentamol? Des Galama host doch mir scho zwaamol gschenkt?»

«Freilich! Weil ich hobs ja scho zwaamol vo der Rumba-Lotte kriegt.»

«Und die Rumba-Lotte hots immer vo der Cloggs-Kuni kriegt.» Allmählich begriff ich. «Des is ja scho fast a Wander-gschenk! No wirst es nächstes Jahr du wieder kriegn!»

«Na, scho in am halbn Jahr, weil du fällst ja edz aus!»

Offenbar glaubte sie weiterhin, dass ich bereits gestorben wäre. Ich wusste, wenn sie sich so was mal in den Kopf gesetzt hat, bekommt man sie nicht mehr los davon. Deshalb blieb mir nur ein weiteres Ablenkungsmanöver.

«Ich hob ihr zwei Karddn fürs Kino gschenkt, weißt scho, des große do in Nämberch am Prostitutionsausstellungsplatz, na, wie heißt der Platz? Ach, am Gewerbemuseumsplatz.»

Sie nickte: «Des kenn ich, des heißt Chevapchichi.»

Natürlich meinte sie Cinecittà, aber weil sie noch nie dort war, konnte sie den richtigen Namen eigentlich nicht wissen. Ich wiederum hatte mich in dem Kinokomplex schon mal um-gesehen und war ganz begeistert von den Lovechairs genann-ten Doppelsitzen.

«Ich find däi Lovechairs doddn subbä, wenn'sd a wenng breide Hüftn host, sind däi ideal», schwärmte ich.

Mariechen wollte wissen, warum die Dinger so genannt wurden. Ich beschrieb ihr ausführlich, wie praktisch sie für frischverliebte Paare seien. Sofort kam ihr eine Idee.

«Do gäih ich amol nei und hock mich auf su an Stuhl. Dann wart ich, bis su a jungs Bürschla kommt und zitter a wenig nüber zu dem.» Nach einer kurzen Gedankenpause fiel ihr ein: «Na ja, wenn ich nüberlang, läfft der wahrscheinli glei wech. Ach, drum heißt des ‹Lovechair›, wall däi dann immer glei davolaafn!»

«Bei dir haut doch jeder glei ab!», stichelte ich, etwas überrascht von so viel Selbsterkenntnis. «Reicht ja scho, dasd vier Männer überlebt hast!»

Sie schnaufte hörbar auf und blickte ein wenig traurig vor sich hin.

«Vier Männer hab ich ghabt. Des musst erschdamol gießen!»

Ich machte sie darauf aufmerksam, dass sie doch gar keinen Blumenschmuck auf den Ruhestätten ihrer Männer hatte, wie ich von unseren sonntäglichen Friedhofsspaziergängen wusste. Sie gähnte.

«Ach, des worn doch alle so Körner- und Müslifresser – ircherdwann muss doch des Zeug aufgehen!»

Mariechen war schon immer sehr praktisch veranlagt. Mir fiel das Friedhofsgesteck wieder ein, meine Neugier ließ mich nicht los.

«Für wen is denn des?»

Sie zupfte einige Tannenzweige zurecht, dann betrachtete sie das Gesteck sehr ausgiebig.

«Des is doch für dich! Gfällts dir?»

«Ich brauch doch des nu gor net.» Ich ignorierte ihre Frage. «Obbä wo host denn du des überhaupt her?»

«Vom Südfriedhof», nuschelte sie, während sie aus dem Zugfenster blickte. «Des wor do einfach su rumgstandn. Die Tulpn warn vo der Elisabeth Bruns, die Nelken bei der Frederike Vombaum, des Tannengrün war bei am aldn Adventsgesteck rumglegn, und die Schale wor hinterm Gebüsch versteckt.»

Mariechen hatte sich das Gesteck ohne irgendwelche Hemmungen zusammengeklaut! Und dann ausgerechnet bei der Elisabeth Bruns, auf deren Beerdigung ich erst einige Tage vorher gewesen war. Daran erinnerte ich mich noch zu genau.

«Eine große Kirchgängerin war sie ja nie», hatte der Pfarrer die Trauerfeier eingeleitet, worauf die Graffl-Siggi nach vorne zischte: «Und wenn mers heut net neitragn hätt, wärs widdä net kommen!» Doch bevor ich Mariechen zur Rede stellen konnte, war sie schon längst wieder bei einem anderen Thema beziehungsweise kam auf das alte Thema zurück.

«Du, Waltraud, letztn Sunndooch hom mir fei mid der Gemeinde an Ausflug gmacht, do simmer midm Reisebus nach Bamberg gfahrn ...»

Nein, diese Geschichte wollte ich nicht schon wieder hören.

«Ja, und dann seid ihr in Dom nei!», unterbrach ich sie barsch.

Überrrascht guckte sie mich an.

«Woher weißt du denn des?»

Ich rollte mit den Augen und schnappte nach Luft.

«Des host doch scho derzillt!»

«Vielleichd wolld ich wos anders derzilln?» Sie verschränkte beleidigt die Arme. «Obbä bittä, dann derzill ich halt nix mehr!»

Für ein paar Minuten unterhielt uns nur noch das leise Rattern der Zugräder. Mariechen schaffte es tatsächlich, nichts zu sagen, rein gar nichts. Einer der seltenen Momente in ihrem Leben! Nach einiger Zeit fand sie diese Situation wohl doch irgendwie langweilig.

«Langsam krieg ich an Hunger.»

Überraschenderweise hatte unser Zug in die königliche Kurstadt einen Speisewagen dabei, aber davor wollte ich sie lieber warnen.

«Da wartest lieber, bis mir in Kissingen sind, do geh mer dann in a schäins Kaffee. Wall im Speisewagn schmeckts dir bestimmt net. Des is nämlich des original Essen auf Rädern! Do schmeckts ja bei die Malteser nu besser. Des weiß ich, wall ich hob vo dene a Abonnement fürs Middochessn. Kost blouß vierfuchzig pro Mahlzeit und wird frei Haus gliefert.»

Mariechen wurde hellhörig.

«Und des isst du?»

Ich schüttelte den Kopf.

«Naa, des ess ich doch net, des bring ich einen Stock tiefer zum Borchs-Andreas, wasst scho, der ältere Moh, der nimmer su gut laafe konn. Der zohlt mir dafür immer fuchzehn Euro, wall er mahnt, ich hätt selber kocht. Und für däi fuchzehn Euro geh ich dann in Fürth ins Stadtwappen zur Christa zum Middochessen!»

Mariechen lachte kurz auf.

«Gschäftla host du scho immer gern gmacht. Obbä des Essn auf Rädern hob ich amol ghabt, vo die Johanniter! Vier Wochen lang …» Sie hörte urplötzlich auf zu erzählen und tat so, als sei nichts gewesen. Eigentlich hatte ich einen Schwall von Geschichten erwartet. Aber sie hüstelte nur und blickte stur aus dem Fenster. Ich stupste sie auf ihr Knie und wollte wissen, wie es weiterging. Sie ignorierte mich einfach, zupfte ihr Kleid zurecht und blickte gelangweilt im Abteil umher.

«Was wor denn edz?», fragte ich. «Du hast doch grod erzillt, dass du vier Wochen des Essn vo die Johanniter kriegt host!»

Sie glotzte mich nur blöd an und grummelte: «Ja? Und?»

Ich verstand die Welt nicht mehr: Mariechen, die eigentlich ununterbrochen plappert, wird auf einmal einsilbig und rückt nicht mehr mit der Sprache raus?

«Ich wolld doch blouß wissen, wäi däi Gschicht weitergäiht», flehte ich.

«Du weißt doch sonst auch immer alles!», antwortete sie patzig.

Oh nein, nun war sie eingeschnappt. Ich fürchtete schon das Schlimmste, da konnte sie ihrem Drang zu erzählen nicht mehr widerstehen.

«Also bittä, dann erzill ich die Gschicht halt nuamol. Vier Wochn lang hob ich des Essen auf Rädern ghabt, und dabei hob ich vierzehn Pfund abgnommen. Vierzehn Pfund! Des musst dir amol vorstelln. Doch des Essen auf Rädern is für uns alte Leut nix.» Sie verzog das Gesicht. «Ich konn einfach net essn, wenn ich aufm Fahrrad sitz. Des iss su bläid bei mir daham, ich hob doch zwischen meiner Küchn und dem Wohnzimmer su a depperte Kurvn drin, do hots mich jedsmol gegern Einbauschrank prelld. Däi Birne Helene liegt heut nu hinterm Schrank. Naa, suwos mach ich nimmer mit.»

Ehe ich dazu etwas sagen konnte, rumpelte der Zug bereits in den Bahnhof von Bad Kissingen ein, und ich war beschäftigt, meinen Koffer von der Ablage herunterzuwuchten. Auch Mariechen griff nach ihrem Gesteck und der Reisetasche und drängte sich zur Tür.

«Wo willst denn du edz hi?», rief ich hinter ihr her.

Sie überhörte die Frage und lief schnellen Schrittes zum Waggonende. Dann hielt sie inne.

«Soch amol, Waltraud, gibds do in Bad Kissingen auch a katholische Kirche?»

«Ja, die haben sogar mehrer Kirchen dort», erwiderte ich perplex.

Schon riss sie die Tür auf.

«Des is goud, ich mou nämlich aufs Abort!»

Bad Kissingen

Nachdem ich Mariechen verloren hatte, machte ich mich vom Bahnhof alleine auf Richtung Marktplatz. Mir war jetzt einfach nach einem herrlich heißen Kaffee in der Lavazzabar. Als ich mit meinem Koffer die Theresienstraße erreichte, fiel mir auf, wie viele Menschen in der Stadt unterwegs waren. Allerdings alle irgendwie mit einem lustlosen Gesicht. Sollte ihnen das köstliche Heilwasser nicht bekommen sein?

Eine Person stach mir besonders ins Auge: ein kleiner Mann in einer furchtbar hässlichen kurzen Hose (Shorts konnte man bei diesem Auslaufmodell kaum mehr sagen) und weißbesockten Sandalen. Er brachte es fertig, beim Lenken eines Klapprades auch noch ein Softeis zu schlecken. Gerade als er auf gleicher Höhe mit einer Passantin war, fiel ihm urplötzlich ein, nach rechts abzubiegen. Die Frau fuhr er dabei fast über den Haufen. Sie begann sofort ein Gezeter – weniger wegen dem Schmerz, sondern vielmehr, weil sie die unappetitlichen Streifen von dem eigelbfarbenen Softeis entdeckt hatte, die in Form eines Andreaskreuzes auf ihrer Bluse prangten.

Wie nun dem Radfahrer dieses Kunstwerk gelungen war, entzog sich meiner Aufmerksamkeit, aber immerhin konnte ich ihn davon abhalten, das Eis von der Bluse der Bekleckerten abzuschlecken. «Des könners doch net machen, Sie wissen ja gor net, ob däi Frau däi Blusn gwaschn hot, do könner Sie sich fei a Bebbn* huln.»

Plötzlich begann die Frau zu schreien. «Allmächdnaa! Versteckte Kamara! Des is bestimmt die Versteckte Kamara. Ich kumm ins Fernsehn!»

Sie grabschte dem Radfahrer das restliche Eis aus der Hand, stülpte sich die Waffel auf den Kopf und wackelte mit ihren ausladenden Hüften wie ein Huhn auf dem Misthaufen. Dann lief sie kreischend davon.

«Na, die Kissinger verstehn obbä an Spaß», rief ich dem Fahrradmann hinterher.

Ich setzte meinen Weg fort und bog ab auf den Marktplatz, wo ich fast von einem älteren Mann über den Haufen gefahren worden wäre – beziehungsweise von seinem Gehwägelchen. Er brabbelte eine Entschuldigung, der Marktplatz sei so abschüssig, da käme er mit dem Bremsen nicht zurecht. Und außerdem habe ihn ein Stück weiter oben eine ältere Frau mit einem Friedhofsgesteck angerempelt, was ihm zusätzlichen «Drive» gegeben habe.

«Allmächd, des wors Mariechen», entfuhr es mir, «däi rumplt immer su furchtbar rum! Machen Sie sich nix draus.» Ich gab dem Mann noch einen Klaps auf die Schulter und ließ ihn von dannen rollen.

Ich wollte schnurstracks auf mein Café zulaufen, um endlich den dringend nötigen Espresso zu trinken, wurde aber von einer kleinen Menschenmenge vor dem alten Rathaus abgelenkt. Irgendwie schien es dort oben eine Attraktion zu ge-

* Bebbn: Herpesbläschen.

ben, sodass ich mich entschloss, den Espresso erst mal warten zu lassen. Einheimische und Kurgäste drängten sich um eine kleine Bühne mit Rednerpult. Skeptisch blickte ich zwischen den Köpfen hindurch, in der Hoffnung, etwas Besonderes zu entdecken. Aber ich wurde enttäuscht, neben dem Pult stand lediglich ein weiß-blaues Rautenplakat. Anscheinend war es nur eine dieser politischen Werbeveranstaltungen, wo man so nützliche Dinge wie Luftballons, Kugelschreiber oder Feuerzeuge mit der Aufschrift «Rauchen macht impotent» in die Hand gedrückt bekommt. Des is nix für mich, sagte ich zu mir und drehte mich wieder um.

Genau in diesem Augenblick trat ein Mann ans Rednerpult. Was er genau sagte, habe ich nicht verstanden, aber die Stimme kam mir irgendwie bekannt vor. Ich blickte über die Schulter zurück, und mit einem Schlag war mir klar, wer dort auf dem selbstgezimmerten Podest stand: Markus Söder! Der bayerische Minister für … ja, für was eigentlich? Ich grübelte, mit welchem Ressort er gerade betraut war, aber es wollte mir ums Verrecken nicht einfallen. Na ja, für ircherdwas werd der scho gut sei, dachte ich. Wie ich wieder loslaufen wollte, blieb ich mit meinem Zebrapumpsabsatz in dem blöden Pflaster hängen und fiel streckderlängs mitten auf den Marktplatz.

Während ich noch versuchte, mich hochzurappeln, stürzte schon Markus Söder von der Bühne herab und half mir. «Das hab ich doch gerne gemacht», meinte er, als ich leicht benommen wieder auf den Füßen stand. Und mit einem Augenzwinkern: «Aber dafür dürfen Sie mich das nächste Mal auch wählen.» Er strahlte mich an wie ein Honigkuchenpferd.

Ich richtete meine Bluse, hob meine Handtasche und den Koffer vom Pflaster auf und holte kurz Luft.

«Gouder Mo, ich bin aufn Hintern gfalln, net aufn Kopf!»

Bevor er darauf reagieren konnte, stand auf einmal das Mariechen vor uns, wedelte mit der Friedhofsgesteckschale herum und blaffte: «Lassns amol däi Fraa in Rouh, däi is erschd vur kurzm gstorbn.»

Sie hakte sich bei mir unter, und wir eilten davon Richtung Kaffeehaus, während der Minister uns mit offenem Mund nachstarrte. Mariechen schimpfte gleich weiter.

«Wenns immer davoläffst, weiß ich fei gor net, wo ich die Schaln für dich histelln soll. Du musst dich langsam entscheidn, wosd bleibn willst!»

Inzwischen hatten wir unser Ziel erreicht, und anstatt mich wieder auf eine Diskussion einzulassen, drückte ich sie kurzerhand auf einen Stuhl auf der Terrasse des Cafés. «Edz hock dich einfach hi, mir trinken erschdamol a Tässla Kaffee.» Ich hatte noch gar nicht in die Karte blicken können, da stand schon die Kaffeehauschefin persönlich, das Fräulein Iris, vor uns und begrüßte uns mit einem strahlenden Lächeln. Ach, wie freute ich mich, sie wiederzusehen, hatten wir in den letzten Jahren doch schon viele lustige Stunden in ihrem Café erlebt.

«Die Damen, grüß Gott, Sie waren ja schon lange nicht mehr bei uns. Frau Waltraud, Sie nehmen bestimmt einen doppelten Espresso und ein Mineralwasser?» Ich nickte kurz. «Und was darf's denn für Sie sein?» Mariechen grummelte etwas und blätterte die Karte von vorne bis hinten durch.

«Ich nehm bittä a Tasse Kaffee, obbä bitte halb mit koffeinfreien Kaffee und halb normal!»

Das Fräulein Iris sah mich entsetzt an – so eine Bestellung hatte sie wahrscheinlich noch nie bekommen.

«Machen Sie sich nix draus», tröstete ich sie, «däi bstellt

So unterschiedlich kann man seinen Kaffee zu sich nehmen …

immer su a komisches Zeuch. Nehmers einfach an normoln Kaffee und schüttns a Kaffeesahne drauf und sogn zu ihr dann, däi Kaffeesahne wär koffeinfrei!»

Das Fräulein Iris zuckte nur mit den Schultern und begab sich wieder ins Café. Mariechen schubste mich. «Du schauamol dort drüben, do hot anner lauter Blechdosen an die Hauswänd ghängt.» Tatsächlich befanden sich an einer Fassade bestimmt Hunderte von Blechdosen, alle fein säuberlich an Drahtseilen befestigt. «Des wird bestimmt a Kunstwerk sei. Heutzutach kannst doch alles als Kunst verkaafn.»

Ein junger Mann mit Ziegenbart, der am Nachbartisch saß,

empörte sich. «Typisch Kurgäste, von nix eine Ahnung, aber ihren Senf dazugeben. Das ist doch ein Umweltschutzprojekt, sehen Sie das nicht?»

Und tatsächlich, unter den hängenden Dosen war ein Plakat angebracht mit dem Hinweis: «12 Mehrwegkästen ersetzen 12 000 Dosen!» Es sah im ersten Moment zwar aus wie eine Textaufgabe aus der Grundschule, aber dann verstand ich.

«Mariechen, des is ein Rätsel. Wenn zwölf Mehrwegkästn zwölftausnd Dosn ersetzen, wievill Flaschen ersetzn dann den Stadtrat?»

Der Ziegenbartträger verdrehte die Augen, stöhnte leicht auf und meckerte weiter rüber zu uns: «Die alten Leut haben doch keine Ahnung von nix, weder von moderner Kunst noch von moderner Technik!»

Mariechen kniff die Augen zusammen und drehte sich zu ihm um.

«Hald dei Goschn, Bürschla. Ärberd erschd amol su lang wie mir in unserm Leben, dann konnst vielleicht mitredn. Und edz gäihst ham, butzt dir deine Zähn und gehst ins Bett!»

Die um uns herumsitzenden Gäste lachten lauthals auf, der Ziegenbartträger knallte sein Geld auf den Tisch, schlüpfte in seine Birkenstocklatschen und suchte schnell das Weite.

«Vo wegen, wir hättn ka Ahnung vo Technik», empörte ich mich. «Wenn der wüsst, wie viele Senioren sich schon in der heutigen Computerwelt auskenna. Ich hab mir edz endli auch a su a iPhone zuglegt. Des is fei wergli toll, wos mer domit alles machen konn!»

«Wos host du für a Ei?»

Ich hatte es befürchtet, Mariechen war wirklich so ahnungslos, wie es der junge Mann eben behauptet hatte.

«Ka Ei, a iPhone. Do is sogar a Kamera eingebaut, subbä Auflösung mit Tausende vo Pixl!», erklärte ich ihr, doch sie wehrte schon ab.

«Clerasil, do musst a Clerasil drauftun!»

Inzwischen hatte das Fräulein Iris den Kaffee serviert, und Mariechen rührte stoisch in ihrer Tasse.

«Für underwegs hob ich immä mein Laptop dabei.»

Mariechen unterbrach den Rührvorgang.

«Wos is denn des?»

Vom Nachbartisch mischte sich jemand ein: «Das ist ein Computer zum Zusammenklappen.»

Während sie ihren Kaffeelöffel abschleckte, meinte sie: «Achsu, a Sandwich!», und goss noch etwas Kaffeesahne nach.

«Ich wolld mer scho su a iPad zulegen, obbä des is mir einfach zu groß. Des bringst ja gor net in dei Handdaschn nei!»

«Dei Bett?» Verwundert blickte sie mich an. «Des bringst freili net in die Daschn nei, des is doch viel zu groß!»

Was hatte sie nun wieder missverstanden?

«Net mei Bett, a iPad», versuchte ich es nochmals.

«Also horch amol, mei Bett is doch nu viel größer als dei Bett, des passt nu weniger in dei Handdaschn nei», echauffierte sie sich.

Nun wurde ich etwas lauter.

«Ein iPad! Ein iPad! Ich mein schlicht und einfach ein iPad!»

«A Bett für a Ei? Des gibbds bestimmt blouß an Ostern.» Sie goss nochmals Kaffeesahne nach, damit war ihre Tasse bis zum obersten Rand gefüllt.

«Mit am Blackberry hob ich a amol probierd, obbä des hot mir einfach net gfalln», berichtete ich weiter und wurde gleich wieder unterbrochen.

«Schwarzbeern, des sind Schwarzbeern.» Dabei nahm sie äußerst vorsichtig ihre Kaffeetasse hoch und schimpfte: «Dass däi do immer däi Dassn gor su vull machen müssn, do verschütt mer ja die Hälft, wenn mer drinkn will!»

Und schon ergoss sich ein kräftiger Schwall Kaffeesahne mit Spuren von Kaffee über den halben Tisch. Sie kramte in ihrer Handtasche nach einem Taschentuch und versuchte mehr schlecht als recht, die Überschwemmung zu entfernen. Ich ließ mich nicht von meinem Thema abbringen.

«Mit dem iPhone konn mer a ganz dolle Sachn machen! Do hot mer direktn Zugang zum Internet, ich bin nämli edz a bei Facebook. Da kann ich zum Beispiel neischreibn ‹Ich sitz grod im Lavazza-Café bei der Iris in Bad Kissingen›, und dann kann des die ganze Welt lesn!»

Mariechen wrang das Taschentuch unter dem Tisch aus, sodass sich nun eine große Pfütze direkt neben unseren Schuhen bildete, und blickte mich streng an.

«Und die Welt will des wissen? Des is doch der Welt völlig egal, wo du grod rumsitzt!»

Der Einwand berührte mich nicht, stolz erklärte ich weiter.

«Da gibt's auch eine Funktion ‹Orte›, die wenn man anklickt, konn mer sehn, wo sich seine Freunde grod in dem Augenblick aktuell aufhaltn!» So was kannte sie bestimmt nicht, freute ich mich.

«Dozou brauch ich net su a bläids Ding. Ich weiß, wo sich meine Freunde aufhaltn. Alle.» Und nach einer kleinen Pause fügte sie hinzu: «Aufm Friedhof.»

Für einen Moment hatten wir genau so eine Stille wie an ebenjenem Ort. Ich hätte es mir eigentlich denken können, dass ich ihre einzige noch lebende Freundin bin. Dennoch, in der Begeisterung über meine technischen Errungenschaften war ich nicht zu bremsen.

«Und fürs Internet hob ich mir edz su a Flatrate bsorgt, des is ganz doll. Da hom die mir sogar, weil ich an 10-Jahres-Vertrag abgschlossn hob, an USB-Stick gschenkt. Des is dodol subbä, weil den steck ich bei mir rein ...»

Ich stockte, denn Mariechen sah mich mit großen Augen an.

«Dann konn ich mir was runterladen, dann geb ich des einem anderen, und dann konn der des bei sich reinstecken.»

Entsetzt rückte sie mit ihrem Stuhl ein Stückchen weg von mir; sie wollte wohl etwas sagen, aber aus ihrem Mund kamen nur einige Rocheltöne.

«Aber man muss aufpassn», fuhr ich fort, «dass mer a gscheide Firewall hat, sonst hot mer sich schnell an Trojaner oder gar an Wurm eigfanga.»

Das war wohl endgültig zu viel für Mariechen, sie schaute mich völlig empört an. «Du Sau!»

Sie nahm einen kräftigen Schluck von ihrem zwischenzeitlich kalt gewordenen Kaffee und bestellte sich auf ihren Schrecken hin einen Schoppen Wein. Ich verstand ihre Empörung gar nicht, die neue Technik bietet so viele Möglichkeiten, und daran wollte ich sie teilhaben lassen.

«Und mit der Flatrate kann ich den ganzen Dooch, 24 Stunden, so oft ich will rein, raus, rein, raus, rein, raus!»

Endlich entspannte sich Mariechen ein wenig, blickte melancholisch vor sich hin und seufzte.

«Früher, wie mer jung warn, hätt mer so was brauchen könna.»

Dankbar nahm sie ihren Wein von Fräulein Iris entgegen,

die mit einem heiteren «Zum Wohl!» wieder in ihrem Café verschwand. Ich wollte Mariechen ein bisschen anschubsen.

«Du musst dich halt a kümmern um die neuen Sachn, do hockst blouß immä in deim Altenclub rum, da derlebst doch nix!»

Sie nippte an ihrem Wein.

«Naa, im Altenclub is schee! Mir dreffn uns dreimol die Wochn, immer Diensdooch und Donnersdooch!»

«Stopp! Du host grod gsacht, ihr drefft euch dreimal in der Wochn.»

«Ja, scho, aber einmol vergess mer immer, dass mer uns dreffn wolldn. Und beim letztn Mol hom mir wos dodol Neues gmacht. Aus Wäscheklammern ham mir so Topfuntersetzer bastlt. Des wor amol ganz wos anders als immer däi bläidn Strohstern!»

Ich schüttelte den Kopf. Anstatt dass sie sich mal bei der Volkshochschule für einen Computer-Kurs für Senioren anmeldete oder beim Seniorenamt der Stadt nachfragte, welche Aktivitäten dort angeboten wurden, rannte sie nach wie vor in den Altenclub. Woanders gehen Senioren sogar noch auf Demonstrationen, machen Tandemsprünge aus dem Helikopter, wie unsere Freundin Herta, absolvieren Survivaltrainings auf Menorca oder organisieren Table-Dance-Events im Tanzcafé, aber unser Mariechen bastelt aus alten Holzwäscheklammern lumpige Topfuntersetzer, die garantiert keine 50 Grad Hitze aushalten und schneller im Mülleimer landen, als der eigentliche Bastelvorgang gedauert hat.

«Soch amol», unterbrach sie meinen Gedankengang, «worn bei dir kurz nach Weihnachtn a diese Hausierer da? Wasst scho, däi mit dem Stern!»

Ich überlegte kurz, was sie damit meinen könnte.

«Du meinst die Sternsinger! Des sind die Ministranten aus der katholischn Kirch, däi gehn vo Haus zu Haus und sammln für an gutn Zweck. Für Missimo … äh … Misserio und solche karidadivn Einrichtungen!»

Sie nippte wieder am Weinglas, stellte es gefährlich nahe an der Tischkante ab und unterdrückte ein Bäuerchen.

«Naa, do geb ich nie wos. Ich gib des Geld lieber glei meim Pfarrer, für wo am Nötigsten, do soll er sich selber wos kaufn, a Krawaddn oder so. Obbä däi Sternsinger, des is ja fast wie im Oktober bei Halloween! Und däi Kinder kumma do a nimmer zu mir. Einmol worns do und hom gschrien: ‹Süßes oder Saueres›, do hob ich mei Tür aufgrissn und gsacht: ‹Dackel oder Dobermann› … zack, sinds wechglaufn und nie wieder kumma!»

Sie unterstrich diesen Satz mit einer energischen Bewegung der linken Hand; dabei wischte sie ihr Weinglas vom Tisch, das über den halben Marktplatz flog und praktischerweise direkt unter einem städtischen Mülleimer in tausend Scherben zerbrach.

«Tor!», rief jemand vom Nachbartisch zu uns herüber. Mariechen wandte sich zu ihm. «Der Wein hot mir sowieso net gschmeckt», sagte sie und rief durch die geöffnete Cafétür: «Iris, bring mer mol an Broseggo mit ohne Eis, obbä schnell.»

Dieser Kommandoton gefiel mir nicht, schließlich war das Fräulein Iris immer so aufmerksam zu uns. Deshalb ging ich selbst hinein und bestellte für mich gleich ein Glas Prosecco mit. Als ich draußen wieder Platz genommen hatte, beugte sich Mariechen zu mir rüber.

«Du», flüsterte sie, «do hot irgendjemand unter unsern

Endlich: Andy Borg fast lebensgroß im Wohnzimmer!

Tisch gmacht, wie du drinnen worst, schau amol däi braunen Fleckn do untn oh!»

Ihr zu erklären, dass sie selbst es gewesen war, die dort ihren halben Kaffee verteilt hatte, hätte mindestens den ganzen Nachmittag gedauert. Außerdem ging sie direkt dazu über, mir zu berichten, dass sie sich gerade einen neuen Fernseher gekauft habe.

«Su an mit am ganz flachn Bildschirm. Der is zwor schee, obbä edz konn ich meine ganzn Fernsehdeckchen gor nimmer drauflegen, weil der su schmal is. Dafür hot mir mei Enkl an Diffter angschlossn!»

Sie erwartete wohl, dass ich in Begeisterung ausbrach. Zwar habe ich mir im Laufe der Zeit eine Menge technische Begriffe angeeignet, aber jetzt kam ich nicht umhin, mir eine kleine Blöße zu geben.

«Wos is denn bittä a Diffter?»

Sie sah mich schräg an, ich konnte ihr förmlich ablesen, dass sie mich nun für blöd hielt.

«Allmächd, die Madame weiß amol was net. Erschd gibts oh mid deiner Technik, und dann weißt du net, wos a Diffter is? Des is doch su a Kästla, wo mer die klan silbernen Scheibn neitut!»

«Du meinst einen DVD-Player!»

«Ja, auf Deutsch. Obbä auf Englisch heißt des Diffter! Und do hob ich schöne Diffters, zum Beispiel mit Kaminfeuer! Do brennt dann im Fernseh a echts Kaminfeuer. Und däi Diffter is günstig gwesn, die gibds im Abonnement. Jeden Monat kummt da a neue. Wall wenn des Feuer runterbrannt is, geht die Diffter aus. Kost blouß 19,99 im Monat.»

Da hat ein Verkäufer mal wieder bestens sein Handwerk verstanden, dachte ich.

Mariechen fuhr fort: «Da gibts a wos mit Aquarium und mit Darmspiegelung ...»

«Also bittä, es gibt doch ka DVD mit Darmspiegelungen!»

Sie setzte wieder ihr Besserwissergesicht auf.

«Doch, die hob ich daham. Da fuhrwerkt der inna rum, stockdunkl is, und dann wirds plötzlich hell.»

Ich musste nur kurz nachdenken.

«Mariechen, die DVD hab ich dir gschenkt. Des sind die schönstn Zugstrecken in der Schweiz!»

Sie schaute mich an wie ein Rhön-Schaf.

«Und wos is dann der Klistier-Express?»

Ich schlug die Hände über dem Kopf zusammen.

«Das heißt Glacier-Express, und der fährt übern Bernina-Pass!»

Bevor es hier am Tisch eskalierte, kam glücklicherweise das

Fräulein Iris mit den zwei Gläsern Prosecco und unterbrach unser Gespräch.

«Meine Damen, schauen Sie mal, da sitzt unser Rakocy-Darsteller vom Umzug des Rakocy-Festes.» Sie zwinkerte einem großen Mann von stattlicher Statur an einem der Nachbartische zu. Mit seinen langen, schwarzen, lockigen Haaren sah er fast aus wie ein echter rassiger Ungar aus der Puszta, nur unterhielt er sich in dem eigentümlichen Rhöner Dialekt. Iris zwinkerte ihm zu.

«Wer hat kotzt?», fragte mich Mariechen.

Ich erklärte ihr, dass die Einwohner von Bad Kissingen beim jährlichen Rakocy-Fest prominente Kurgäste der Vergangenheit darstellen. Und der Mann uns gegenüber sei eben dieser ungarische Graf Rakocy aus dem Jahre Siebzehnhundertselbigsmal, nach dem nicht nur das Fest, sondern auch eine Heilquelle benannt ist. Ihre Augen wurden größer.

«Des Heilwasser muss ich amol drinkn, wemmer dann so alt wird wie der!»

Ich gab auf, es machte einfach keinen Sinn, Mariechen irgendwelche Daten oder Fakten zu erklären, sie begriff es ja doch nie. Ich nahm lieber unser vorheriges Thema wieder auf.

«Wenn du scho an neua Fernseher host, wie host du denn dann do Anschluss? Host du dei Schüssl aufm Dach?» Mariechen verschluckte sich fast an ihrem Prosecco. Ungerührt bohrte ich weiter: «Oddä host du an Reciver, wo du dein Code neitun musst?» Sie knallte ihr Glas auf den Tisch.

«Na, der Kot kommt in die Schüssl!»

«Wennst an Reciver hast», wandte ich ein, «brauchst doch des net. Obbä für den Reciver musst den Code seperat kaufn.»

Sie schüttelte sich.

«Suweit kummts nu!» Sie griff wieder nach ihrem Glas.

Ich ließ nicht locker.

«Oddä du host a Schüssl, und die kummt aufs Dach? Manche hänga die a zum Fenster naus.»

Mariechen leerte ihr Glas.

«Drum kummt su vill Scheiß im Fernseh!»

Das Fräulein Iris kam angeschossen, stellte uns zwei extra hohe Gläser Martini, die jeweils mit einer großen Orangenscheibe verziert waren, vor die Nase und sagte: «Die sind von dem Herrn Rakocy, mit den besten Grüßen und Sie mögen doch bitte hier sitzen bleiben und bloß nicht zu ihm hinüberkommen!»

Überrascht, einen Drink zu bekommen, ohne Kontakt mit dem Spender aufnehmen zu dürfen, wandte sich Mariechen mit etwas zu viel Schwung zu mir herüber, blieb mit dem Blusenärmel am Strohhalm ihres Glases hängen und schleuderte es so in hohem Bogen quer über die Terrasse. Da die Orangenscheibe um einiges leichter war als das Glas, flog sie um etliches weiter und traf eine vorbeilaufende Frau hinten ins Genick. Die Frau war so vertieft in eine Diskussion mit ihrem Ehemann, dass sie das Missgeschick gar nicht bemerkte. Ganz langsam rutschte ihr das Stückchen Südfrucht unter die Bluse, an ihrem Rücken entlang und verschwand in ihren Hotpants. Mitten im Ehegattenvortrag hielt sie urplötzlich inne, schüttelte und rüttelte sich wie eine Verrückte, grabschte in ihre Hose und zog die mittlerweile sehr zerdrückte Orange heraus. Empört und angewidert warf sie sie auf den Marktplatz und ging schimpfend weiter.

Wir hatten das Schauspiel die ganze Zeit verfolgt – ein köstliches Vergnügen. Es kam noch besser: Eine nicht ganz schlanke Frau trat genau auf die Orangenscheibe, rutschte aus und landete mit einem dumpfen Schlag auf ihrem gutgepolsterten Allerwertesten. Unser Lachen war nicht annähernd so laut wie das des Herrn Rakocy-Double, der die ganze Szenerie ebenfalls beobachtet hatte. Er beruhigte sich jedoch schlagartig, als ihm die Dame eine kräftige Backpfeife verpasste. Nicht nur beschimpfte sie ihn wüst, weil sie in ihm den Übeltäter der Orangenattacke ausmachte, sie ohrfeigte ihn auch gleich noch mal.

«Tja, schlagfertig muss mer sei», rief Mariechen ihm zu.

Das war wohl zu viel für ihn. Er sprang auf, kam zu unserem Tisch herüber und zischte: «Alten Frauen sollte man nie einen Drink ausgeben, das hinterlässt schmerzhafte Spuren!»

Wir spülten unseren Martini hinunter, zahlten und machten uns auf ins Hotel, das ich bereits vor einigen Tagen telefonisch reserviert hatte.

«Was machst denn edz mid deim Friedhofsgsteck, Mariechen?»

«Des lass ich do im Café, do kumma immer su viel alte Leut vorbei, des kann bestimmt einer bald brauchn!»

Im Hotel

Weil's in Kissingen gar so schön ist, gönnen wir uns bei unseren Ausflügen dorthin auch ein adäquates Hotel. Dieses Mal hatten wir uns für ein Haus entschieden, das wohl schon etwas in die Jahre gekommen war, aber uns gefiel die plüschige Atmosphäre, erinnerte sie uns doch an unsere jungen Jahre. Heutzutage legen wir freilich Wert auf einen gewissen Komfort. Ganz wichtig ist uns dabei die Hotelbar, denn auf einen Schlummertrunk mit leisen Pianoklängen im Hintergrund wollen Mariechen und ich nicht verzichten.

Vorher machten wir uns noch ein wenig frisch; ich zumindest wechselte vom leichten Sommerkleid in eine etwas elegantere Robe, während Mariechen einfach nur ihre Handtasche von der einen Hand in die andere nahm. Am frühen Abend ließen wir uns dann in einer lauschigen Nische der Hotelbar nieder. Mariechen bestellte sich einen Mariacron, ich entschied mich für einen Cosmopolitan, der ja doch irgendwie zu mir passt, und einen Espresso. Zu den Getränken reichte uns der dunkelhaarige Kellner eine Art Aschenbecher, gefüllt mit Erdnüssen. Lust auf etwas Salziges hatten wir schon, aber einfach mit den Fingern zugreifen in einem 5-Sterne-Hotel? Da wollten wir uns als Franken mal nicht blamieren!

Nein, nicht schon wieder! Kaum sitzen zwei Damen an der Bar, stürmen die Männer herbei.

Meine leere Espressotasse stand wohl noch vor mir, aber den dreckigen Löffel wollte ich nun auch nicht unbedingt benutzen. Also bestellte ich mir fränkisch-frech ein standesgemäßes «Nüsslas-Löfferla». Zwar musterte mich der Kellner von oben bis unten, dass ich schon vermutete, er wollte was von mir, aber der Löffel kam umgehend.

Ruck, zuck war das Schälchen leer gefressen, und wie der zweite Drink anrollte, stellte man uns flachgepresste Chips dazu. «Mariechen», warnte ich sie, «jetzt wolln die die Frangn testen!» Doch darauf ließen wir uns nicht ein und orderten zwei Kuchengabeln. Es hat durchaus seine Zeit gedauert, bis wir das System Chips & Gabel beherrschten, aber wir schafften es tatsächlich, beim Essen keine Brösel zu hinterlassen.

Als wir die Bar so gegen halb zwei verließen, meinte die Bedienung mit einem hinterfotzigen Lächeln, dass wir die Chips ruhig mit den Fingern hätten essen dürfen.

«Was?», fragte Mariechen. «Schaua Sie sich doch amol um, was däi andern Leut mache!»

Und tatsächlich hatten sich die anderen Gäste unsere «fränkische Methode» abgeschaut und versuchten mit Gabeln, Grillzangen und Zahnstochern, die Chips zum Mund zu führen. So konnte ich mir eine Bemerkung nicht verkneifen: «Na, Sie hom obbä noble Gäst, däi zahln a Schweinegeld für däi Zimmer, aber Chips richtig essn, des könnas net!»

Der Aufzug brachte uns auf die Etage mit unseren Zimmern. Irgendwie hatte ich noch Durst und wollte mir aus der Minibar ein kleines Fläschchen Mineralwasser genehmigen. Dabei fiel mein Blick auf die Getränkekarte, die hübsch drapiert auf dem Schreibtisch lag. Meine Laune sank schlagartig: Sage und schreibe fünf Euro fünfzig wollten die für ein 0,2-Liter-Fläschchen italienisches Wasser! Empört öffnete ich den kleinen Kühlschrank und entdeckte dort eine automatische Registrierung. Sobald man eine Flasche herausnahm, löste sich ein Hebelchen, und der Preis wurde automatisch auf der Zimmerrechnung notiert. Die Zeche zu prellen, schien unmöglich.

Aber da hatte sich das Hotel getäuscht, eine echte Fränkin weiß sich zu helfen. Ich ließ das Fläschchen einfach in der Kühlschrankablage stehen, öffnete vorsichtig mit dem Flaschenöffner den Kronkorken, schnappte mir einen Strohhalm und süffelte genüsslich das erfrischende Nass heraus. Gut, es war etwas umständlich, zumal der Kühlschrank am Boden stand und ich mich zum Trinken flach hinlegen musste. Doch dank meiner regelmäßigen Damengymnastik war ich noch gelenkig genug, um mein Ziel zu erreichen. Ich bezweifele, dass Mariechen das geschafft hätte – die besten Tricks nutzen nichts, wenn man nicht die Figur dazu hat.

Bei der Abreise am nächsten Tag wollte Mariechen unbedingt beide Zimmer bezahlen – dieses Vergnügen wollte ich ihr natürlich nicht nehmen. Allerdings machte sie große Augen, als der Empfangschef begann, ihr die Rechnungsposten vorzulesen: 200 Euro für die Übernachtungen plus 30 Euro für den Wellnessbereich.

«Den hom mir gar nicht genutzt, mir hom gor ka Zeit ghabt!», rief sie erbost.

Das spiele keine Rolle, erwiderte der Mann, immerhin hätten wir ihn nutzen *können*. Er verlangte gleich noch mal 40 Euro für die Sauna. Mariechens Gesicht verfinsterte sich.

«Mir waren nicht in der Sauna, des is uns viel zu heiß!»

Der Empfangschef blieb hartnäckig.

«Aber Sie hätten sie nutzen können.»

Er hielt ihr eine Rechnung über insgesamt 270 Euro unter die Nase. Jetzt wurde Mariechen ernsthaft böse.

«Dann müssens auch 200 Euro abziehen, weils mit meiner Freundin gschlafn hom!»

Nun war es an dem Herrn, sich zu empören: Er verbitte sich solche Unterstellungen, selbstverständlich habe er nicht mit Frau Lehneis geschlafen. Mariechen lächelte ihn an.

«Obbä sie hättns könnt!», sagte sie triumphierend. Sie legte siebzig Euro auf den Tresen, packte mich am Arm und zog mich schleunigst aus der Lobby nach draußen.

Mit dem nächstbesten Zug rollten wir wieder in Richtung Heimat, stand doch am nächsten Tag ein ganz wichtiger Termin in unserem Kalender: der Grafflmarkt.

Grafflmarkt

Einen Flohmarkt gibt es ja in bald jeder Stadt. Bei uns in Fürth heißt er Grafflmarkt – «Graffl» bedeutet Gerümpel – und ist einer der Höhepunkte im Veranstaltungskalender. Auswärtige staunen immer, was sich da mitten in der Fürther Altstadt tut. Auf allen Flächen tummeln sich Händler mit ihren selbstgezimmerten Ständen und bieten die seltsamsten Dinge zum Verkauf an; dazu präsentiert sich die Gastronomie von ihrer schönsten Seite. Alles in allem ist es ein großes, buntes Volksfest, das Mariechen und ich uns nie entgehen lassen.

Auch dieses Mal stürzten wir uns gegen Abend ins Getümmel und ließen uns einfach treiben. Ständig trafen wir alte Bekannte, man plauderte und scherzte. Aber am schönsten waren die Pausen, die wir in den Lokalen einlegten. Eigentlich machten wir nur eine einzige Pause, denn wir kamen gar nicht mehr vom «Alten Rentamt» los. Dort ist es so herrlich rustikal, Holzböden, Holzwände, Holztische, und hin und wieder sitzen da auch Holzköpfe herum. Und der offene Buchenholzgrill verbreitet nicht nur eine angenehme Wärme, sondern auch einen herrlichen Duft. Reiner, der Wirt, grillte wie ein Berserker fränkische Bratwürste, und wir standen gemütlich mit einem Bier in der Hand daneben.

«Des is fei wergli schee», amüsierte sich Mariechen, «wennsd mid am Bier in der Hand andere Leut beim Ärberdn zuschaun konnst.»

Kurz darauf kam die Cloggs-Kuni um die Ecke und gesellte sich zu uns; auch unsere Freundinnen Marlene und Ruschel ließen nicht lange auf sich warten. Ruschel wirkt oft etwas nervös und hat einen leicht gehetzten Blick, während Marlene eher von heiterem, ausgeglichenem Naturell ist. So war Reiner bald von einer quasselnden, fröhlichen Altweiberrunde umringt.

«Könnt ihr net woanders higeh», maulte er, «is scho schlimm gnuch, dass am Grafflmargd des Graffl frei rumlaufn derf!»

Von allen Seiten bekam er sinnlose Tipps, wie er seine Bratwürste noch brauner kriegen konnte. Ruschel forderte ihn sogar auf, es doch einmal mit Pizza vom Grill zu probieren. Jeder seiner Einwände wurde nur mit einem heftigen Gegacker quittiert, dazu Sprüche wie «Der Reiner ist ein Kleiner» oder «Reiner, den mag keiner». Völlig verzweifelt stand er zwischen seinen Würsten und wusste sich nicht mehr zu wehren. Erst als Gregor, ein weißhaariger Stammgast, über den Kirchplatz kam, ließen wir von unserem Opfer ab und stürzten uns nunmehr auf ihn. Fünf Damen und ein Mann – das gab ein heftiges Gedränge, jede von uns zupfte an ihm, wollte ganz nah an ihm dran sein. Aber Gregor war mit seinen Gedanken woanders.

«Mädels», berichtete er ganz aufgeregt, «ihr glaubt ja nicht, was es hier alles gibt. Aber das Komischste ist, jeder zweite Stand verkauft Metallpfosten mit einem Knauf obendrauf! Wo haben die bloß diese Teile her?»

Mariechen schaute mich an, ich schaute Mariechen an, und dann lachten wir noch lauter als den ganzen Abend vorher.

Gregor wurde sichtlich sauer, und bevor er beleidigt nach Hause ging, klärte ich ihn auf.

«Gregor, edz pass amol auf. Däi Dinger, wo du meinst, des sind die Parkabsperrpfostn vo der Gustavstraß, damit keiner da falsch parkt. Und däi Dinger stehn des ganze Jahr da, und dei kannst gwiß net kaufn!»

Beim Zahnarzt

Immer wenn man's nicht braucht und nicht damit rechnet, erwischt es einen: Zahnschmerzen! Nachdem ich versucht hatte, telefonisch bei meinem Zahnarzt einen Termin zu vereinbaren, mich die bayrisch sprechende (oder sie hatte gerade zu viele Mon Chéri im Mund) Sprechstundenhilfe aber leider nicht verstand, ging ich auf gut Glück in irgendeine nahegelegene Praxis. Als Spontanpatient muss man natürlich ewig warten, sodass ich sämtliche Zeitschriften, Werbebroschüren, Zahnpflegetipps der örtlichen Krankenkasse und Kinderbücher nicht nur durchblätterte, sondern sie förmlich auswendig lernte, um mir ein bisschen die Zeit zu vertreiben. Bevor ich dazu kam, die gesammelten Textwerke auch noch szenisch einzustudieren, wurde ich endlich ins Behandlungszimmer gerufen.

Mühsam kletterte ich auf den Behandlungsstuhl. Sofort blendete mich die Zahnarztlampe dermaßen, dass ich am liebsten meine Sonnenbrille aus der Handtasche gekramt hätte. Blinzelnd erkannte ich in der Mitte der Lampe den Namen der Firma, die das fiese Blendlicht hergestellt hatte: Siemens! Der Schriftzug des Praxisausstatters brennt sich einem förmlich ins Hirn, was zur Folge hat, dass wann immer er einem irgendwo draußen in der Welt begegnet, man urplötzlich von heftigen Zahnschmerzen befallen wird.

Aus diesen Gedanken riss mich die Sprechstundenhilfe, indem sie den Behandlungsstuhl samt meinereiner in eine fast vertikale Stellung brachte. Ich krallte mich krampfhaft an den Armlehnen fest, um nicht rückwärts auf den Boden zu rutschen. Zu allem Übel wurde mir auch noch eine nach verschimmelten Aprikosen schmeckende Mundspülung eingeflößt, die ich in dieser Kopf-nach-hinten-Liegeposition gurgeln musste.

Wie aus dem Nichts beugte sich plötzlich der Zahnarzt, mit einem grünen Mundschutz maskiert, über mich und erschreckte mich mit einem deftigen «Grüaß Ihna Gott!» zu Tode. Dermaßen überrumpelt, spuckte ich ihm die Mundspülung direkt ins Gesicht und japste nach Luft.

Nachdem der Doktor sich mit dem linken Kittelärmel die Speichel-Aprikosen-Soße aus dem Gesicht gewischt hatte, begann er mit finsterer Miene erst mal den Routinecheck. Dazu benutzen Zahnärzte bekanntlich ein ganz hinterhältiges Handwerkszeug: einen dünnen metallenen Stab, der vorne zu einem spitzen Haken zusammenläuft. Damit durchstöbern sie sämtliche Zähne, und wo sie ein Loch entdecken, drücken sie ihn mit aller Kraft hinein und fragen scheinheilig: «Tut das weh?» Und das tut weh, verdammt weh! Das wissen die Zahnärzte auch, aber sie drücken hinein ohne Rücksicht auf Verluste.

Als mein Schmerz ein bisschen nachließ, hörte ich die Worte: «Vier hinten kariös.» Unwillkürlich brach mir der Schweiß aus, auch meine Handflächen wurden patschnass, sodass ich kaum mehr Halt an den Armlehnen fand. Langsam rutschte mein Körper nach hinten. Wenn ich weiterrutsche, dachte ich, kann der Zahnarzt statt einer Zahnbehandlung eine Blinddarmoperation an mir durchführen. In meiner Verzweiflung griff ich nach dem Spuckbecken, um mich dort festzuhalten, erwischte aber den Wasserhahn und verpasste dem Zahnarzt die zweite Dusche innerhalb von drei Minuten.

Die Zahnarzthelferin hatte sich so sehr erschrocken, dass sie den Speichelabsaugschlauch fallen ließ. Mit zwei Fingern hob ich in halb liegender Position das herumspringende Ding vorsichtig auf und wollte es zur Seite legen. Doch das unbändige Teil saugte sich am Mundschutz des Herrn Doktor fest. Zehn Minuten benötigte ich, um Schlauch, Mundschutz und den Oberlippenbart des Zahnarztes voneinander zu trennen.

Danach drückte mir der Doktor sofort einen Zettel in die Hand, und schon war ich wieder draußen auf der Straße. Och, dachte ich, des hot net amol su weh getan. Doch wie ich mir den Zettel näher ansah, war es nur ein Überweisungsschein zu einem anderen Zahnarzt. Ich schwor mir, das nächste Mal rufe ich vorher an und gehe nur zu einem Zahnarzt, der an seinen Behandlungsstühlen Sicherheitsgurte hat.

Das Tischwaschbecken

Waltraud», dröhnte es in meinem Telefonhörer, «Waltraud! Heut Abnd gehen mir essn! Ich hob su an Gutschein vo meim Enkerla kriegt. Do könna mir zu zweit in Nämberch essen und müssen blouß für an zohln.» So ein Schnäppchen wollte ich mir nicht entgehen lassen. Noch am gleichen Abend fuhren Mariechen und ich mit der U-Bahn in die Stadt im Osten (ja, richtig gelesen, für uns Fürther liegt Nürnberg geografisch im Osten, das hat unser Oberbürgermeister festgestellt) in ein Südseerestaurant.

Als wir das Lokal betraten, dachte ich zuerst, wir wären im Tropenhaus des Tiergartens gelandet, aber dann entdeckte ich zwischen Palmen und Kakteen immer wieder kleine Tischchen. Die freundliche Bedienung führte uns über verschlungene Wege, kleine Brückchen und plätschernde Miniwasserfälle zu einer Nische mit nur drei Tischen. Wir nahmen am mittleren Tisch Platz, mit herrlichem Blick auf die außen vorbeisäuselnde Pegnitz. Kerzen verströmten romantische Atmosphäre.

«Do kummst dir ja vur wie a Liebespaar», flüsterte Mariechen, «obbä wecher dir fang ich in meim Alter nimmer damit oh.»

Und tatsächlich, an den beiden anderen Tischchen saßen turtelnde Pärchen. Besser gesagt, auf der linken Seite wurde geturtelt, auf der rechten plapperte nur das viel zu stark geschminkte Mädel. Er stierte in ihre Augen, als wäre es eine Fleischbrühe von Wela, während sie ihn mit Koseworten bewarf: «Mei Zuckerstückerla! Mei Spätzla! Mei Schnitzerla!» Im ersten Moment dachte ich, sie liest ihm die Speisekarte vor.

«Wenn däi ihn weiter so betitelt», raunte Mariechen, «dann hot der bald zehn Kilo mehr drauf, ohne dass er wos gessen hot.»

Anscheinend geht Liebe nicht nur durch den Magen, sondern auch verbal-kulinarisch von den Lippen! Nun waren wir gespannt, welches Liebesmenü sich die beiden bestellt hatten.

«Die nehma bestimmt wos Aphrodisierendes, damits a wenig in Stimmung kumma», sagte ich überzeugt.

«Naa, däi essn was, wos scharf aufeinander wern. Obbä mir schaua mol in die Karddn, wos däi überhaupt zum Essn do hom.»

Das Angebot war mehr als exotisch: Kängururoastbeef, Straußenfilet, Krokodilrippen, Palmherzen, Terrine vom Waschbären …

»Allmächd, ich fress doch do net den ganzn Tiergartn zam», raunzte Mariechen. «Und do schau amol, däi hom a Nudln aus Glas, so was kann mer doch gor net essn. Do hauts mer ja mei Gebiss zam!»

Etwas skeptisch war ich auch, und so entschieden wir uns vorsichtshalber für zwei Salate mit Putenbruststreifen und zwei Gläser fränkischen Silvaner. Das hätten wir zwar auch in Fürth in jeder Gaststätte bekommen, aber wann kann man ein

Standarddamengericht schon mal in tropischem Flair zu sich nehmen?

Während wir auf unser Essen warteten, beäugten wir wieder das Turtelpärchen neben uns. Die beiden waren damit beschäftigt, ihre Spareribs in sich hineinzukauen. Das Liebesgesäusel hatte inzwischen ein Ende gefunden, nun hechelten sie ihre Expartner durch – man konnte den Eindruck gewinnen, sie wären Jahrzehnte in einem Gefängnis eingesperrt gewesen und hätten niemals das Sonnenlicht gesehen. Dabei strichen sie sich ständig gegenseitig über die Hände oder durchs Haar, ohne zu bemerken, dass sie von den Spareribs total fettige Finger hatten. Selbst ihre Hemdsärmel waren vollgeschmiert und glänzten im Kerzenlicht. Wie dann der Kellner dem Paar beim Abräumen eine Schüssel mit Wasser und Zitrone hinstellte, sagte der Mann zu seiner Partnerin: «Das ist aber sehr nett, ein Dessert auf Kosten des Hauses!» Und sie begannen, die Schale leer zu löffeln.

Das war zu viel für Mariechen, sie sprang hoch und baute sich vor den beiden auf.

«Ich möchte ja nix sogn, obbä an Tipp hätt ich für Sie scho no. Wenns amol beim Giggerlasessn* a Erfrischungstuch dazoukriegn, passns gut auf, dass des net mit am Hackle Feucht verwechsln, wall des brennt fei arch, dass drei Dooch nimmer sitzn können!»

Verstört verlangte das Pärchen die Rechnung. Mariechen nahm wieder Platz und stocherte weiter in ihren Salatblättern herum. Ich wollte nun ebenfalls zahlen, irgendwie war der Abend nicht mehr spannend genug. Wenigstens war ich güns-

* Giggerla: gegrilltes Hähnchen.

tig zu einem Essen im Restaurant gekommen. Doch ich hatte die Rechnung ohne Mariechen gemacht. Sie hielt dem Kellner den Gutschein entgegen.

«Mir hom do su an Gutschein, wou blouß anner zohlt, also kassierns des Zebra mir gegenüber ab!»

Ich wollte noch einwenden, dass wir uns die Zeche doch hatten teilen wollen, aber Mariechen wehrte ab.

«Nix da! Ich hob den Gutschein bracht, ich darf umsunst essen, und do zohlst edz dei Essn selber!»

Die neue Frisur

Andauernd mäkelte Mariechen an meiner Frisur herum. «Wäi du widdä rumläffst, so zerzaust und miid su graue Haar, da mahnt mer ja, du bist a alde Fraa!»

Dass ich nicht mehr die Jüngste bin, wusste ich selber, aber dass Mariechen, die mehr ein Vogelnest auf dem Kopf trägt als eine modische Frisur, mir das sagte, ärgerte mich irgendwann doch. Kurz entschlossen stapfte ich zum Figaro meines Vertrauens, der zwischenzeitlich umgezogen war und nun einen sehr modernen Salon führte. Am Eingang empfingen mich schon ein edler Holzboden und eine Theke, die aussah wie die Rezeption eines Luxushotels. Daneben eine schwarze Ledersitzecke und fast leere Regale, sodass ich mich für einen Moment beim Bestatter wähnte. Nur das Gegacker der Friseusen (ich weiß, heutzutage sagt man Frau Friseurin oder Haarkosmetikerin oder gar Coiffeurin, aber als alte Fürtherin kann ich mir das Wort Friseuse einfach nicht abgewöhnen) zeigte mir hörbar, wo ich war.

Schon stürmte der Besitzer mit seiner stark aufgeföhnten Haarpracht und einem etwas zu bunten Hemd auf mich zu, um mich überschwänglich zu begrüßen. Er zerrte mir den Mantel herunter und drückte mich auf einen der Behandlungsplätze.

Während er mir einen Espresso holen ging, konnte ich mich noch ein bisschen im Laden umschauen. Ein riesengroßes Aquarium mit dicken, fetten, leuchtenden Fischen unterteilte den Raum. Schade, dachte ich, dass da keine Karpfen rumschwimmen. Das wäre eine Geschäftsidee: kommen, Karpfen aussuchen, Haare machen lassen und danach lecker gebackenen Fisch essen – und das alles beim Friseur. Aber vielleicht besser so, denn wer möchte schon vom Friseur kommen und nach altem Karpfenfett stinken?

Vor Fett scheinen Friseure geradezu eine panische Angst zu haben. Bevor sie die Haare des Kunden überhaupt berühren, wird er zum Waschtisch geführt, und ein Lehrbub (ja, heute heißt es Auszubildender) im ersten Lehrjahr hat die Wasch-

Das kann nichts werden, wenn Mariechen versucht, Friseuse zu spielen.

prozedur durchzuführen. Früher musste man den Kopf noch übers Waschbecken halten, dass einem das Shampoo in die Augen lief, heute liegt man bequem nach hinten gelehnt – ähnlich wie beim Zahnarzt – und lässt sich die Haare abbrausen. Allerdings spürt man nach kurzer Zeit seinen Rücken, da diese Position mit überstrecktem Hals letztendlich auch nicht gerade angenehm ist.

Sobald das Wasser aus dem Hahn spritzt, kommt die obligatorische Frage: «Ist die Wassertemperatur so angenehm?» Kein Friseur formuliert diese Frage anders. Immer der gleiche Standardsatz. Offenbar gehört er zum festen Repertoire der Haarschneidezunft (sollte einer der geneigten Leser hier einen Änderungsvorschlag haben, freuen wir und die Friseurinnung uns auf Ihre Post). Die Temperatur selbst hingegen variiert mehr als häufig, und bis das Wasser durch die Haare auf die Kopfhaut gedrungen ist, kann es schon zu spät sein, und man schreit: «Allmäächdnaa, ist des heiß!» Es dauert dann wiederum einige Zeit, bis kühles Wasser nachfolgt. Daher mein Tipp: Prüfen Sie, welche Temperatur die Hände des Azubis haben! Sollte er kalte Hände haben, können Sie sicher sein, dass er ganz, ganz heißes Wasser zur Haarwäsche nimmt, um sie aufzuwärmen.

Ich hatte ausnahmsweise Glück, die Temperatur war angenehm, das Shampoo und die Spülung rochen einigermaßen erträglich, und der Lehrbub war anscheinend schon im dritten Lehrjahr, weil er die Haarwäsche durchaus professionell durchführte. Nachdem er mir auch noch eine Haartönung ins Haar gerubbelt hatte, ließ er mich mit dem Hinweis «Das muss noch einwirken» alleine. Ich hoffte, dass bald der Figaro persönlich käme, um sein Kunstwerk zu vollenden. Stattdessen schlich des Figaros Hund heran, ein ausgewachsener Dober-mann. Von hinten rief mir der Chef zu «Der macht nix!», und schon schnupperte eine feuchte Hundenase an mir herum.

Eigentlich machen mir Hunde ja nichts aus, aber wenn man so wehrlos daliegt, mit dem Kopf in der Waschschüssel, dann ist es doch ein bisschen unangenehm. «Der macht wergli nix», versicherte der zurückgekommene Azubi, der die Spülung aus-waschen wollte. Mittlerweile hatte ich den Dobermann genau zwischen meinen Beinen. Edz blouß net bewegen, dachte ich, a falsche Bewegung, und der Hund ... na, des will ich mir gor net vurstelln.

Regungslos lag ich da, den Köter unter meinem Rock und am Kopf das Wasser. Leider war das Wasser nun verdammt heiß, aber ich rührte mich nicht. Lieber oben ein paar Haare weniger, schoss es mir durch den mittlerweile glühenden Kopf, als dass der Hund etwas tut, was mir gar nicht gefallen wür-de. Gefühlt lag ich bestimmt eine halbe Stunde starr da. Als der Coiffeur endlich zu mir kam, war er überrascht: «Ups, da müssen wir gar nicht mehr färben, Sie haben von ganz alleine weiße Haare bekommen!»

Fliegerpech

Ein Schnäppchen war dieser Flug nach Wien, nur schlappe 39 Euro hatten Mariechen und ich dafür bezahlt. Da lohnte es sich doch, einfach mal so auf eine Melange in die Donaumetropole zu fliegen. So rauschten wir mit der U-Bahn zum Nürnberger Flughafen und kamen eigentlich rechtzeitig vor dem Abflug an. Allerdings waren wir mit den neuen Sicherheitsbestimmungen noch nicht so vertraut und staunten, als wir die lange Menschenschlange vor dem Sicherheitscheck sahen.

«Des dauert ja länger als unser Flug!», rief ich entsetzt.

«Des erhöht die Spannung», entgegnete Mariechen ungerührt, «bei mir kribblts edz scho, wenn ich dran denk, das mehr dann doddn vorn abgetastet werden. Ich hob mir extra zwaa Sicherheitsnadl ans Mieder gmacht, dass es a bimmelt, wenn ich durch die Sicherheitsschleuse muss. Und dann mou mich der Kontrolleur vo obn bis untn anlangen!»

Und tatsächlich genoss Mariechen das endlose Warten mit glänzenden Augen, von Schritt zu Schritt wurde sie aufgeregter. Na warte, dachte ich mir, dir werde ich den Spaß schon vermiesen. Endlich waren wir fast dran, nur noch eine pummelige Frau stand vor uns, die allerdings offenbar zum ersten Mal flog.

Umständlich kramte sie ihre Handtasche leer, dann zog sie ihren Mantel, das Jäckchen, den Pullover, die Armbanduhr, den Hosengürtel und ihren Seidenschal aus – wir dachten schon, gleich steht sie nackt da.

«Haben Sie noch was einstecken?», fragte die Dame von der Sicherheitskontrolle mit strengem Blick.

Etwas unsicher antwortete sie: «Nur einen Tampon – muss ich den auch raustun?» Unter dem schallenden Gelächter aller Umstehenden ging sie dann mit hochrotem Kopf durch die Sicherheitsschleuse.

«Edz bin ich dro, edz bin ich droh», tirilierte Mariechen und schickte sich an, ebenfalls die Schleuse zu passieren.

«Passns auf, däi Fraa hot an Herzschrittmacher!», rief ich laut hinterher.

Schon wurde ihr der Durchgang verwehrt, man ließ sie außen herumgehen und winkte sie einfach so durch.

«Warum langt mich denn keiner oh?», fragte Mariechen empört. «Sie müssn mich doch abtastn, ich könnt doch a Bombn im Schlüpfer hom!»

Aber die Sicherheitsleute grinsten nur und schickten sie weiter.

«Sie, a alte Kanona tut fei a nu an Schlag», beschwerte sie sich, während sie beleidigt weiterstapfte.

Ein kleinerer Beamter erwiderte lediglich: «Wenn Sie berührt werden wollen, müssen Sie schon in eine Autowaschanlage gehen», und wandte sich den wartenden Passagieren zu. Ich lächelte in mich hinein.

«Sei froh, Mariechen, dass die noch nicht die Ganzkörperscanner haben», tröstete ich sie scheinheilig, nachdem ich die Sicherheitskontrolle hinter mich gebracht hatte und froh war, den Polyesterhemdenträgern entkommen zu sein. «Da würden die ganz andre Dinger vo dir sehn!»

Mariechen blieb stehen und wedelte mit ihrer Bordkarte vor meiner Nase herum.

«Ach, däi Scanner taugn a nix. Mir hom amol su a Ding probeweise ghabt beim Seniorentanz. Den hom mir ins Foyer gstellt, und alle Mannsbilder ham durchgehn müssen, wall do hot mer dann ganz genau gsehn, bei wem sich's rentiert, dass mern danoch mit heimnimmt.»

Ein leicher Ärger durchfuhr mich, musste es doch ausgerechnet der Nachmittag gewesen sein, wo ich den Seniorentanz ausfallen ließ, um mir eine neue Frisur machen zu lassen.

«Ich hob mich freiwillig gmeldet», fuhr Mariechen fort, «mich do hinzusetzen. Viel Neues wor net dabei, die meistn Männer hob ich ja scho kannt. Obbä dann is einer kumma, allmächt, ich sogs dir, der hot ein Ding ghabt ...» Sie stockte und errötete leicht.

«Ja, wos denn?», bohrte ich neugierig nach, und sie blickte schnell nach allen Seiten.

«Na ja, a Ding halt, ich mein ... soooo ein Gerät!»

Jetzt wurde ich auch ein bisschen rot, weil Mariechen so unverblümt erzählte.

«Beim Tanzn hob ich mich gleich an den rangwanzt. Bernhard hieß der. Und noch der Rumba hob ich zu ihm gsacht: Bernhard, noch der Rumba trinkt mer a Lumumba. Dann simmer an die Bar und hom jeder a Lumumbamaß drunkn – auf ex!»

Ich schüttelte ungläubig den Kopf über so viel Direktheit, Mariechen aber kicherte mit glänzenden Augen.

«Dann hob ich gsacht, Bernhard, edz müssns mich obbä heimführn. Allein konn ich nimmer laufen. Und dann is er fei wergli mit mir in mei Wohnung, da hab ich dann nu zwaa DoHeWo gmacht.»

Ich schaute irritiert und wollte wissen, was das denn sei.

«Na, a DoHeWo», erklärte sie mir, «des is a Doppelherz-Wodka! Und dann warn wir beide a bissl betrunken. Da hab ich gsacht, Bernhard, du kannst nimmer heimfahrn, edz schläfst bei mir, mir beide wissen ja, wie's geht.»

Nun wollte ich weitere Details hören und zog sie in eine ruhige Ecke des Warteraums, wo nicht mehr so viele Passagiere waren.

«Wir sind ins Schlafzimmer», raunte sie, «ich hob des Licht ausgmacht, hob mich splitternackerd auszogen, er auch, und dann hob ich mir denkt, eigentlich möchte ich des scho amol sehn, wer weiß, wie oft ich do nu Gelegenheit dazu hob. Dann bin ich zufällig an den Lichtschalter kommen und hob meine Augn net traut: Wor des a Katheder, wos der ghabt hot!»

«Su wos derzillt mer doch net!» Mir hatte es beinah die Sprache verschlagen. Aber ich fasste mich gleich wieder. «Und edz wartest amol do, ich muss schnell für kleine Mädchen, na ja eigentlich …» Ich überlegte, wie ich dies nun beispielhaft vornehmer ausdrücken könnte. «Also, in Österreich kannst an kleinen Braunen bstelln.»

Auf dem Weg zu den sanitären Einrichtungen sah ich auf die Abflugtafel: nur noch 15 Minuten. Gut, dachte ich, das schaff ich grad noch so, wenn nicht ausgerechnet alle Häusl besetzt sind. Da kann man ja schlecht sagen: «Rutschns amol, ich mechert a miid auf die Schüssl.» Doch ich hatte Glück und fand umgehend sozusagen einen freien Platz. Warum es so un-

So kann man sich auch einen Vorrat an Küchenpapier zusammensammeln.

endlich heiß dort war, konnte ich mir nicht erklären, jedenfalls legte ich mein Jäckchen und mein Seidentuch ab.

Wie ich so gemütlich da saß, hörte ich plötzlich eine Lautsprecherdurchsage: «Frau Waltraud Lehneis, letzter Aufruf zum Airberlin-Flug nach Wien!» Ich zuckte vor Schreck zusammen, griff schnellstens zum Toilettenpapierhalter, und der nächste Schreck jagte mir durch die Glieder: Die Rolle war komplett leer! Der dritte Schreck durchfuhr mich, als Mariechen gegen die Tür hämmerte.

«Bist bald fertich? Sonst verpass mer nu unsern Flug!»

In größter Eile durchwühlte ich meine Handtasche, aber dummerweise hatte ich keine Papiertaschentücher oder Ähnliches dabei. Nur einen Fahrschein, der mir aber nichts brach-

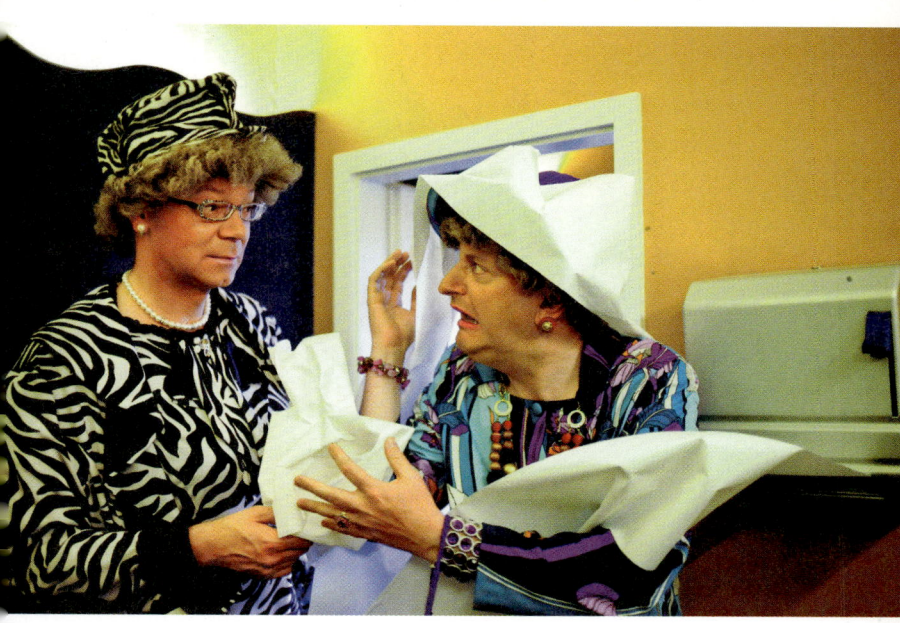

Nicht um den Kopf – übers Gesicht wär das Papier besser angebracht.

te – es war nur ein Kurzstreckenticket. Es half nichts, mein Seidentuch musste dran glauben. Ich stürzte aus der Toilette, rannte zum Gate und konnte als letzter Passagier die Maschine gerade noch betreten. Schweißnass ließ ich mich auf meinen Platz neben Mariechen fallen und schnappte nach Luft.

«Wou host denn dei Seidntüchla?», fragte Mariechen. Ihr fiel tatsächlich auf, dass ich es nicht mehr um den Hals trug.

«Des mou ich edz in dera Hektik verlorn hom», stammelte ich.

Mariechen stellte ihren Sitz ein wenig zurück.

«Na ja, des macht nix, des Tuch wor eh a bissl beschissn!», meinte sie halblaut und schlummerte gleich darauf ein.

Zu Gast bei Mariechen

Ich ärgerte mich über mich selbst. Warum kann ich nie NEIN sagen, wenn das Mariechen wieder einmal zum Essen zu sich nach Hause einlädt? Nicht zu einem leichten Mittagessen zu zweit, nein, zu einem großen Abendessen mit ganz langweiligen Bekannten aus ihrem Altenclub. Warum ist man nicht einfach ehrlich und sagt: «Naa, ich kumm net, ich moch dei Gfreß net, und däi Leut, die da kumma, regn mich a aaf!» Das verbietet einem der Anstand, schließlich habe ich eine gute Erziehung genossen, da darf man so etwas nicht sagen. Stattdessen heuchelte ich Vorfreude: «Oh, schee, freili, do kumm ich doch recht gern!» In Gedanken hoffte ich, dass Mariechen rechtzeitig vorher ins Gras biss oder zumindest von einem LKW erwischt wurde.

Und diese Einladungen sind grundsätzlich an einem Freitag! Freitag, wo man wunderbar ausgehen könnte, neue Menschen treffen, wo alle so entspannt sind. Samstag sind solche Einladungen nie, da haben die Leute meistens was Besseres vor. So anscheinend auch Mariechen. Ich versuchte, die Einladung noch abzuwenden, indem mir plötzlich einfiel: «Mein Enkerla feiert do groß sein Geburtsdooch!»

Aber Mariechen störte das überhaupt nicht.

«Ka Problem, dann machmers die Wochn drauf, die vom Altenclub hom eh immä Zeit!»

So stapfte ich am darauffolgenden Freitag mit flauem Gefühl im Magen zu Mariechens Wohnung. Schnell waren meine Schritte nicht, ich hoffte immer noch, aufgehalten zu werden. Von mir aus könnte man mich jetzt überfallen, dachte ich, oder die Polizei verhaftet mich wegen irgendeinem Vergehen. Mit größter Freude würde ich mich in die Gefängniszelle setzen und glücklich sein, nicht das Essen bei Mariechen durchleben zu müssen.

Aber die Welt hatte sich gegen mich verschworen, die Straßen waren leer, weit und breit kein Mensch zu sehen. Nicht einmal der räudige Straßenköter vom Haus gegenüber Mariechens Haus, der sonst immer tobte wie ein aufgebrachter Pavian, wenn ich mit meinem schicken Zebrakostüm vorbeikam, traute sich heute vors Haus. Knarrend öffnete sich die alte Haustüre; sie knarrte genauso wie die Treppenstufen, die in den zweiten Stock führten. Ich zögerte, den Klingelknopf zu betätigen, aber schon riss Mariechen die Tür auf.

«Do bist ja endli, geh rei, däi andern sind alle scho da!»

Ein etwas unangenehmer Geruch schlug mir entgegen, so ein typischer Geruch, den alle Wohnungen von anderen Leuten verströmen. Ich schritt durch den dunkelgrünen Flur, vorbei an der Eiche-rustikal-Garderobe und betrat das Esszimmer, das von einer riesigen Schrankwand im Mahagoni-Verschnitt dominiert wurde. Dieser Raum war schon ohne Menschen irgendwie angsteinflößend, aber jetzt, besetzt mit Mariechens fünf Freundinnen aus dem Altenclub, die mich alle gleichzeitig durchbohrend ansahen, wirkte er wie das Cabinet des Dr. Caligari, nur dass dieses hier mit Ton war. Ich umrundete den

Tisch und begrüßte jede anwesende Dame einzeln: die schon leicht demente Pumps-Betty, die etwas schielende Cloggs-Kuni, die zappelnde Rumba-Lotte, die vorlaute Graffl-Sigi und die sabbernde Laber-Lotte, welche mich gleich anmeckerte.

«Wird ja Zeit, dasd kummst, mir freun uns alle scho aufs Obndessen und ham an mortzdrum Hunger!»

Ich warf einen Blick auf meine Uhr: Es war erst kurz nach fünf. Wahrscheinlich hatten diese Weiber aus lauter Gier, dass es am Abend etwas umsonst zu essen gab, Frühstück und Mittagessen ausfallen lassen, um sich nun den Wanst vollzuschlagen. Mariechen, die sich eine violette Küchenschürze umgebunden hatte, schwirrte indessen zwischen Küche und Esszimmer umher und schwärmte von ihrem tollen Rezept. «Des hot mir mei Enkl aus seim Urlaub in Mosambik mitbracht!»

Ich stöhnte kaum hörbar auf: aus Mosambik! Wenn ich wissen will, was die Menschen dort essen, dann setz ich mich in den Flieger, düse rüber und probiere alles vor Ort. Hingegen in Franken möchte ich, wenn ich eingeladen werde, irgendetwas Heimisches: Schäufele, Schnitzel oder Schweinelendchen mit Champignonrahmsoße und Kroketten – das mag jeder!

Es half nichts, Mariechen schleppte bereits einen großen Topf herein, knallte ihn in die Mitte des Esstischs und hob den Deckel. Ein scharfer, bitterer Geruch stieg mir in die Nase, ich sah eine hellrosa Brühe mit dunklen Brocken darin. Bevor ich mich wehren konnte, klatschte Mariechen mir einen Schöpfer voll dieses undefinierbaren Etwas auf den Teller; danach kamen die anderen Damen an die Reihe. Ich konnte mir nicht vorstellen, dass irgendein normaler Mensch in Mosambik so eine seltsame Tunke jemals gekocht, geschweige denn gegessen hat. Die Altenclubriege hingegen begann begierig, das

Zeug in sich hineinzulöffeln. Offenbar war der Hunger größer als die Warnsignale, die der eigene Körper abgibt und
über das Großhirn meldet: «Alarm! Alarm! Nicht essen! GE-
FAHR!»

Äußerst behutsam ließ ich den Löffel in die Pampe glei-
ten, damit ich ja nicht zu viel davon abbekam, und probierte
vorsichtig mit der Zungenspitze. Natürlich war das Zeug brü-
hendheiß, wahrscheinlich hatte Mariechen Tage zuvor alles
zubereitet und jetzt, wo die Gäste da waren, einfach in der Mi-
krowelle auf höchster Temperatur aufgewärmt. Der erste Geschmack war salzig, danach folgte eine Mischung aus abgestan-
dener Milch, vergorenem Ziegenkäse, schimmliger Mozzarella
und unreifem Blumenkohl. Eigentlich wollte ich hinausschrei-
en: «Pfuideiflna, des Zeich konnst ja wergli net fressn!», aber

Wenn Mariechen kocht, kann's nicht schmecken.

die gute Erziehung hielt mich davon ab, und ich zischte nur: «Köstlich! Einfach köstlich!» Mariechen freute sich über dieses Lob, sprang sofort von ihrem Platz auf und griff erneut zum Schöpflöffel. Panik machte sich in mir breit, noch mehr davon, und es würde ein Unglück passieren.

«Naa, danke», erklärte ich, «ich hob middochs scho su vill essn müssn bei meiner Schwester, ich schaff beim besten Willn nix mehr!» Auch eine gute Kinderstube erlaubt, wenn die eigene Gesundheit auf dem Spiel steht, eine kleine Notlüge.

«Dann pack ich dir halt den Rest in a Tupper-Schüsserla ei, dann konnst es morgn daham essn.»

Sie schickte sich an, den Topf wieder in die Küche zu tragen und den Rest, wie angedroht, gleich umzufüllen. Die Pumps-Betty neben mir grunzte ein bisschen, auch die Laber-Lotte und die Graffl-Sigi schienen ganz zufrieden, die Rumba-Lotte reagierte kaum mehr. Nur die Cloggs-Kuni schien mir ein wenig blass zu sein, was aber auch an ihrem chronisch zu niedrigen Blutdruck liegen konnte.

Ich entschuldigte mich für einen Moment und suchte das Badezimmer auf. Dort angekommen, riss ich erst mal das Fenster auf, um ein wenig frische Luft zu bekommen. Direkt neben dem Fenster hatte Mariechen ihr Badezimmerschränkchen, und ich konnte es nicht lassen, einen Blick dort hineinzuwerfen. Natürlich stöbert man bei fremden Leuten nicht einfach herum, aber im Bad ist das ausdrücklich erlaubt. Ja, liebe Leser, werfen Sie ruhig mal einen Blick in den Badezimmerschrank – man erkennt gleich, welche Krankheiten die Gastgeber so haben.

Steht dort eine Packung Granufink (gegen Blasenschwäche), sollten Sie stets eine Plastikfolie ausbreiten, bevor Sie sich in der Wohnung irgendwo hinsetzen. Nie die Schuhe ausziehen, wenn Sie eine Tube Fungizid vorfinden. Ganz dumm ist es auch, wenn Sie Zovirax entdecken – das nimmt man bei Herpesbläschen (bei uns in Franken werden sie umgangssprachlich schlicht Bebbn genannt). Da dürfen Sie dann nie einfach aus Gläsern oder Tassen trinken, sondern müssen immer einen Strohhalm benutzen. Achten Sie wegen der Infektionsgefahr auch darauf, dass Sie beim Abschied die Gastgeber nicht küssen.

Ja, glauben Sie einer alten Frau! Ich weiß es, Sie werden bei Ihrem nächsten Besuch auch in die Badezimmerschränkchen schauen, das ist jetzt so drin in Ihrem Kopf, dass Sie es einfach nicht sein lassen können. Und, liebe Gastgeber, wenn Sie peinliche Situationen vermeiden wollen, räumen Sie Ihr Badezimmerschränkchen leer, sobald Besuch ins Haus steht.

Nach einigen Minuten Entspannung und frischer Luft begab ich mich wieder ins Esszimmer, wo Mariechen schon für alle Stroh ausgeteilt hatte.

«Hock dich her, mir bastln heut amol a paar Strohsterne», freute sich die Graffl-Sigi, «die verkaaf ich dann am nächstn Grafflmarkt, und vo dem Geld koch mer dann wos gemeinsam!»

Was für ein spannender Freitagabend! Ich musste mir schnell eine Ausrede für einen frühen Abgang einfallen lassen.

«Ach, do kann ich leider net mitmachn, ich hob doch immer su schnell Heuschnupfn, und grad bei Stroh hauts mir immer glei die Nasn zam. Ich geh besser heim!», stieß ich hervor.

Ich griff nach meinem Mantel und eilte mit einem schnellen «Ade, bleib schee!» zur Haustür. Fast war ich draußen, da packte mich Mariechen von hinten und drückte mir eine Tüte in die Hand.

«Fast hättst des Tupper-Schüsserla vergessn, wär doch schad um däi goude Suppn!»

Als ich endlich auf der Straße stand, atmete ich kurz durch, froh, dem Gruselkabinett entronnen zu sein. Meine Erleichterung währte nicht lange. Auf der gegenüberliegenden Straßenseite entdeckte ich den blöden Köter, der sich bei meiner Ankunft nicht hatte blicken lassen. Mit hängenden Lefzen lief er auf mich zu. Das hatte mir noch gefehlt, Freitagnacht mit einem Hundebiss im Klinikum zu landen!

Das Vieh war keine zehn Meter von mir entfernt, da fiel mir auf, welche Abwehrwaffe ich in der rechten Hand hielt: den Suppenrest von Mariechen. Gerade noch rechtzeitig gelang es mir, das Tupper-Schüsserla zu öffnen und die ganze Brühe auf die Straße zu gießen. Der Hund bremste abrupt, schnupperte ein bisschen an den herumliegenden Brocken, um sie dann gierig und mit wedelndem Schwanz zu verschlingen.

«Gell, des schmeckt dem bläiden Huni obbä? Tu schön fressn, du!», zischte ich giftig.

Mittendrin unterbrach er seine Völlerei, der Schwanz wedelte gar nicht mehr, er zog ihn ein und trabte jaulend davon. Man kann es glauben oder nicht, seit diesem Happi-Happi hat mich der räudige Köter nie wieder angebellt. Nun konnte ich mir auch vorstellen, dass es ein Rezept aus Mosambik war. Dort vertreibt man damit wahrscheinlich die Elefanten oder Nashörner aus den Maisfeldern.

Hochzeitsmonat

Mariechen, bald is widdä Mai», sagte ich, als wir gerade gemütlich im «Café am Park» die Sonne genossen, «do wird wieder an alle Eckn geheirod.»

Sie krümelte die letzten Stückchen ihrer Heidelbeer-Hibiskus-Torte zusammen, um sie dann komplett in ihrem Mund verschwinden zu lassen.

«Des regt mich auf, also net das Heirodn, obbä wenns dann alle aus der Kirch kumma und im Konfekt fohrn und hupn …»

«Im Konfekt? Es fährt doch ka Mensch in am Konfekt!»

Mariechen hob streng ihre Augenbraue.

«Du wasst obbä scho gor nix! Wenn alle dem Brautauto hinterherforn su in einer Linie, das nennt mer des Konfekt!»

Fremdworte hat man nicht fürs Mariechen erfunden.

«Konvoi nennt mer des, Konvoi!»

Ihr Gesichtsausdruck verdüsterte sich.

«Kon-Voi is doch a Gericht aus Thailand. Konfekt heißt des, wall es heißt ja a Konfektionsanzug, weils aus einer Linie gmacht ist!»

Und damit leckte sie den letzten Sahneklecks von ihrem Kuchenteller und war sichtlich stolz auf ihre Allgemeinbildung. Ich wusste, es war sinnlos, weiter mit ihr zu diskutieren,

Schön machen für den Käsekuchen.

und so verkündete ich lieber, dass die Enkelin von der Rumba-
Lotte in zwei Wochen heiratete und wir beide eingeladen
seien.

«Ach na», stöhnte sie, «blouß ka Hochzeit, des gäiht immer
su arch ins Geld. Wall a jeder erward a motzdrum Gschenk.
Vor allem bei däi Verwandtn moust su aafbassn, däi merkn
sich dees jahrelang, wast ihnen gschenkt host.»

Ich konnte ihr da nur zustimmen, wies allerdings darauf
hin, dass es mittlerweile zwei verschiedene Arten von Braut-
leuten gibt. Die einen richten in einem Geschäft einen Hochzeitstisch ein, von dem die Gäste ein Geschenk auswählen können. Und die anderen sagen einfach, sie hätten schon alles, und
bitten nur um Geldspenden.

«Des is a bleed», konterte Mariechen, «wenns dann denen

an 10-Euro-Schein in die Hand 'drückst. Mehr is däi bucklerde Verwandtschaft meistns eh net wert!»

Doch für solche Fälle hatte ich mir bereits einen Trick ausgedacht: Man wechselt einfach den 10-Euro-Schein bei der Bank in lauter einzelne Centmünzen und stopft diese in einen Jutesack. Während der Hochzeitsfeierlichkeiten schreitet man ganz stolz damit nach vorne zu Braut und Bräutigam, grinst über alle vier Backen, und kurz bevor man beim Paar angelangt ist, lässt man dann ganz aus Versehen das Säckchen zu Boden fallen. Wichtig ist, dass man, während die Münzen durch den ganzen Saal kullern, springen und rollen, entsetzt dreinschaut und laut ruft: «Allmächdnaa, däi zweihundert Euro bringen mir gor nimmer zam!»

Mariechen grinste über diese Idee, um sie dann gleich wieder vom Tisch zu fegen.

«Des könner mir gor net machen! Stell dir vor, des sind ja dann 20 000 Cent-Stückli, die sind doch viel zu schwer zum Tragn für uns. Do hullerdn mir uns blouß an Leistnbruch.»

Ich nickte zustimmend.

«Außerdem hat des Enkela vo der Rumba-Lotte an Hochzeitstisch beim Küchen-Lösch in Nämberch drobn.»

«Beim Lösch?» Mariechen fuhr zusammen. «Des is net grad der billigste Ladn. Warum macht denn bittä keiner sein Hochzeitstisch beim Woolworth? Bis mir widdä nach Nämberch kumma, warn die ganzn Verwandtn scho dort und hom die billign Sachn weggkauft.»

Da hatte sie wiederum recht, das wusste ich aus eigener Erfahrung. Ich habe mich schon oft gefragt, warum zukünftige Eheleute sich immer die teuersten Dinge aussuchen müssen. Wofür brauchen die eine edle Designerespressomaschine, wenn beide Teetrinker sind? Sie behaupten zwar, sie wollten sie für die Vitrine, aber diese ist ein altes Küchenbuffet, welches im Keller ganz hinten steht. Oder sie suchen sich ein 24-teiliges Porzellanservice aus, obwohl sie nicht einmal eine Handvoll Freunde haben. Oder sie wollen ein handgesticktes Damasttafeltuch, obwohl sie ihr Essen nur am Couchtisch einnehmen, weil ihnen ein normaler Esstisch zu spießig ist.

«Mach dir do mol keine Sorgn», beruhigte ich Mariechen, «auch da gibts an goudn Trick. Mer schmugglt vo der Handwerkerabteilung so a billigs Schraubenzieherset, legtn aufn Hochzeitstisch und sagt dann zur Verkäuferin: Des nehm ich! Und scho hast a billigs Gschenk.» So ganz wollte Mariechen mir diesen Trick nicht abnehmen, doch ich war noch nicht fertig.

«Ja, allerdings mous mer dees nu a wenng ausbaua. In der Kirch moußt dann alle Leid frogn, warum däi sich ausgrechnt a Schraubnzieherset ausgsucht hom. Dann is dees Gschenk wergli abgsegnet.»

Auf dem Nürnberger Christkindlesmarkt gibt es jedes Jahr einen Stand der Aktion «Sternstunden – für Kinder in Not», wo Prominente von Kindern gebastelte Sterne verkaufen. Mariechen wollte da unbedingt hin, «damit ich a weng a Anregung für unsere Strohsterne vom Altenclub krieg», wie sie fachmännisch meinte. Bevor ich ihr zusagte, blätterte ich das Infoblatt durch, um mir einen Tag auszusuchen, an dem irgendeiner meiner Lieblingsprominenten dort war. Schnell wurde ich fündig.

«Am Middwoch gehen mir da hin, wall do verkauft vo dreie bis viere der Sternekoch Alexander Herrmann die Stern, und den wollt ich sowieso amol persönlich kennalerne.»

Mariechen nickte.

«Ich kenn den net, mir is der a wourschd, mir gehts blouß um die Stern.»

So fuhren wir mittwochs um die Mittagszeit mit der U-Bahn nach Nürnberg. Der sogenannte Pegnitzpfeil hielt eine überraschende Neuerung für uns bereit: Die Haltestellen wurden nicht nur auf Deutsch, sondern auch auf Englisch angesagt. Allerdings nur die wichtigen, wie zum Beispiel der Hauptbahnhof: «Next Stop Mainstation». Für manche Franken war das allerdings etwas zu neu und zu überraschend, nicht wenige stürmten nach einer englischen Durchsage plötzlich nach draußen. «Wäi heißt däi Station? Die kenn ich net, ich bin falsch, ich mou nauß!»

Anlässlich des Christkindlesmarktes mit seinem internationalen Publikum waren die Fahrer zusätzlich angewiesen worden, an der Haltestelle zur Stadt aus Holz und Tuch, wie man den Christkindlesmarkt auch nennt, zusätzlich zur automatischen Ansage noch mündlich etwas durchzugeben. Es sollte wohl klingen wie: «Zum Christkindlesmarkt bitte hier aussteigen.» Unser Fahrer, anscheinend ein Ur-Nürnberger, nuschelte jedoch in sein Mikrofon: «Zm Gristkndlsmargd dounous!» Ich bezweifelte, dass Amerikaner oder Italiener diesen Hinweis verstehen würden, und sah sie schon bis zur Haltestelle Messe fahren und dort verzweifelt nach dem Markt Ausschau halten.

Als Eingeborene wussten wir, wo wir auszusteigen hatten, und zogen unsere Mäntel fester zu, denn draußen war es schon bitterkalt. Wir spazierten über die Fleischbrücke Richtung Hauptmarkt. An einer kleinen Töpferbude hatte sich ein Menschenauflauf gebildet, der unsere Aufmerksamkeit erregte. Wir rauschten hin und erlebten einen Wortwechsel zwischen einem norddeutschen Touristen und der urwüchsigen Verkäuferin, die offenbar mit ihrem Job überfordert war.

«Was kostet denn das?», fragte der Tourist immer wieder, während er versuchte, seine selbstgestrickten Handschuhe in seine hellgrüne Winterjacke zu stopfen.

«Mei Mou is net dou!», erwiderte die genervte Verkäuferin im tiefsten, aber wirklich im allertiefsten Fränkisch.

Zu weiteren Auskünften ließ sie sich nicht erweichen. Verzweifelt wandte sich das Nordlicht an einen langen hageren Mann mit einer stark abgewetzten Baumwollhose und bat ihn um Übersetzung, doch ihm schallte es nur entgegen: «No, ihr Mou is net dou!» Der arme Mann war schon den Tränen nahe, deshalb erbarmte ich mich.

«Die Frau sagt, ihr Mann ist nicht da. Anscheinend kann sie alleine nicht verkaufen.»

Der Norddeutsche bedankte sich.

«Das nächste Mal fahr ich nach Dresden, die Menschen dort versteht man wenigstens», sagte er und verschwand.

Wir setzten unseren Weg fort und bogen um die Ecke auf den Christkindlesmarkt. Schneeflocken fielen vom Himmel, es war ein trüber Tag. Wir suchten den Sternstundenstand.

«Du, horch, Mariechen, mir könntn doch a bei der Baguette-Betty vorbeischaua, däi hot doch a an Stand mit Strohstern. Und bsucht hommer die scho seit Jahren nimmer, walls ja dauernd auf Jahrmärktn ärberdn tut.»

Mariechen lehnte ab: Wenn sie schon einen Stern kaufen müsse, dann wenigstens für einen guten Zweck. Dabei hielt sie vor einer Bratwurstbude, deren Grillmeister lautstark seine Wurst anbot.

«Sie, sogns amol, ich hätt gern a Seniorenportion vo su am Broadwourschdsemmerla.»

Der Mann wedelte mit seiner Zange vor Mariechens Gesicht.

«No freili, wegn Ihna tun mir 1½ Broadwörschd aufs Semmerla legn. Schau, dasd weitergehst, alte Spinatwachtl!»

«Bürschla», schnaubte Mariechen, «sei freundlich zu die Leut, sonst kriegst mit meiner Handdaschn ans auf dein Quadratschädel!»

Mit Mühe konnte ich sie davon abhalten, ihren Worten Taten folgen zu lassen.

«Der kann net freundlich sein, des is doch a a Franke!», versuchte ich, sie zu besänftigen.

Halbwegs entspannt gingen wir weiter, grüßten schnell bei der Bücher-Lisl, und schon hatten wir den Sternstundenstand erreicht, wo fleißige Helfer die selbstgebastelten Sterne von Kindern verkauften. Der Sternekoch Alexander Herrmann, mit spitzbübischem Gesicht und dunkler Haarpracht, war heftig umringt von allerlei Menschen, Mariechen zog die Nase hoch und schnupperte.

«Wenn der scho hier Sterne verkauft, dann hätt er sich an frischn Kochkittl anziehn könner, der riecht ja dodol nach Essn!»

«Mariechen, der Herrmann riecht doch net, des sind die Broadwourschd- und Pommesbudn um uns rum.»

Sogleich stürzte ich mich ins Getümmel. Mit einem bubenhaften Lächeln hielt der Starkoch mir einen Stern aus getrockneten Zwetschgenkernen unter die Nase. Schelmisch lächelte ich zurück.

«Den kauf ich nur, wenn Sie die Zwetschgenkerne selber ausglutscht hom …»

Ich kramte in dem Sternchenkorb, den er in der linken Hand hielt. Bevor er noch etwas sagen konnte, stupste Mariechen ihn von hinten an.

«Sogns amol, dei Strohstern, sind die aus Ihrm Kopf?» Sie lachte in sich hinein.

«Frech wie meine Oma Herta», erwiderte er, «kaufen Sie doch lieber einen!»

Er hielt mir einen anderen Stern vors Gesicht. Ich betrachtete ihn eingehend, also den Stern, nicht den Herrmann, und

sah aus dem Augenwinkel, wie sich Mariechen fünf Strohsterne aus seinem Körbchen nahm und in ihrer Handtasche
verschwinden ließ. Erschrocken wich ich einen Schritt zurück.

«Ach, kochns mir doch lieber an Stern.»

Ich packte Mariechen am Arm und zog sie in eine Seiten-
gasse, wo es etwas ruhiger war.

«Ja, spinnst du denn», schimpfte ich, «du konnst doch do
keine Stern klaun, däi hom Kinder bastlt, und edz werns verkauft, damit mer arme Kinder helfn kann!»

Mariechen holte ihre Sternenkollektion aus der Handtasche und betrachtete sie eingehend.

«Die hob ich doch net gstohln, nur ausgeliehen. Do geh ich
edz in an Copy-Shop, kopier jeden Stern einzeln, und dann
hom mir fürn Altenclub eine wunderbare Vorlage. Und danoch
leg ich ihm die Stern widdä in sei Körbla!»

Ich war zu baff, darauf irgendetwas sagen zu können, und
ließ mich bereitwillig zu einem Glühweinstand zerren.

«Edz trink mer erschdamol an Eierlikörpunsch, und dann
gehn mir zum Kopieren.»

Während wir uns am Heißgetränk erwärmten, rutschte direkt neben uns ein junger Mann aus. Der Glühweinverkäufer,
offensichtlich selbst sein bester Kunde, blickte unerschrocken
auf den Gefallenen und meinte stirnrunzelnd:

«Ham mir gwies scho Glatteis? Allmächd, do muss ich ja
streun, oddä ich ward, bis jemand hingschpeit hat.»

Wir schüttelten angewidert unsere Köpfe.

«Ja», schob er hinterher, «Broadwourschdbröckerla bremsn
am besten!»

Kichernd überquerten wir das schiefe Kopfsteinpflaster des
Hauptmarktes und liefen geradewegs in eine kleine Gruppe

Amerikaner, die uns auch gleich freundlich begrüßte. Mariechen, der englischen Sprache überhaupt nicht mächtig, verstand nur Bahnhof. Ich hingegen bin ja auf der höheren Mädchenschule gewesen und kann zumindest ein paar Brocken. So grüßte ich zurück: «Hello!» Dies nahm die Gruppe zum Anlass, mich gleich als Stadtführerin zu vereinnahmen. Ich sollte ihnen sämtliche Sehenswürdigkeiten Nürnbergs nicht nur zeigen, sondern auch noch erklären. Mariechen wurde schon ungeduldig, war sie doch bereits seit Stunden hungrig und wollte essen gehen.

«Lass däi Leut halt in Ruh, die könna sich doch an Reiseführer kaafn!»

Aber ich fühlte mich durchaus geehrt und gab freudig Auskunft.

«This is the Hauptmarkt ... äh ... the Headquarterplace; all Sehenswürdigkeit of Nämberch are hier. Look this side, this is the Schöner Brunnen! The yellow thing is the very Beautiful Fontain, but not spritzing, is mehr tröpfling! And daneben the Rathaus ... äh ... the Townhall ... äh the Houses of Master of Desaster! And one ride side is the Frauenkirche ... äh ... the Womanchurch with the englischen Gruß von Veit Stoß! The Englisch Hello again!»

Ich war bereits völlig in Fahrt, die Gruppe hing förmlich an meinen Lippen, nur Mariechen drängte unentwegt zum Aufbruch.

«Edz lass die Leit, die solln selber schaua, wies zurechtkumma», maulte sie, wandte sich dann aber unvermittelt selber an die Gruppe. «Und this side is kaputt, hätters net im Krieg zerbombt, wärs nu do!»

Gottlob verstanden die Amerikaner den letzten Satz dank

Mariechens Genuschel nicht, stattdessen applaudierten sie fröhlich und luden uns spontan zum Mittagessen ein.

«Siehgst», sagte ich zufrieden, «edz kriegn mir sugar a Middochessn umasunst, wall ich su goud Englisch konn.»

Mariechens Augen leuchteten auf – etwas kostenlos zu bekommen, da ist sie genau wie ich sofort dabei. Obwohl ihr eigentlich kein Essen umsonst zustand, da sie ja gar nicht gedolmetscht hatte. Aber da sie ja nur eine kleine Rente hat, wollte ich nicht so sein. Natürlich wollten wir den auswärtigen Gästen fränkische Küche präsentieren, und so schleppten wir sie ins nahegelegene «Bratwurst-Röslein», ins angeblich größte Bratwurstrestaurant der Welt. Doch kaum hatten wir die Speisekarte in der Hand, prasselten schon die ersten Fragen auf mich ein: «What's this?», «Can I eat this?»

Mir blieb also nichts anderes übrig, als die Namen der Gerichte zu übersetzen.

«Ja, lassns mich amol schaua, wos hommern do? A Hochzeitssuppe!»

Bevor ich weitersprechen konnte, fiel mir Mariechen ins Wort.

«Des is doch ganz einfach! That's a Just-married-Supp whit Pfanncakestriffles! But wenn nix aufm Teller is, than have you the Scheidung erwischt!»

Die Gruppe wurde ein bisschen unruhig, sodass ich gleich weiterlas.

«Weißwurst, des is zwor überhaupt net fränggisch, obbä manche essns recht gern. This is a white soussage, a Munich Spezialität. You musst eat in the morning before the rings are bells twelf mol!»

Beim nächsten Gericht lachte Mariechen auf.

«Strammer Max! Do bin ich gspannt, wiesd des übersetzn willst.»

Für mich eine leichte Übung, ich salutierte kurz und fügte hinzu:

«Ist a roasted bred whit a roasted bakon, and on the top are a Mirror-Egg.» Verwunderte Gesichter blickten mich an.

«Wenn Ihne des net schmeckt, nehmers halt a Krautwickerla», empfahl Mariechen.

Krautwickel, ausgerechnet Krautwickel, dachte ich mir, wer hat da nur die Tageskarte geschrieben? Doch aufgeben galt nicht.

«Ist a Kraout, a paper, but not to write, sondern you can eat. And in the middl is a Hackfleisch, a round Hamburger whit eingwaachte Semmerli, also Meetbröckerla, zamgrollt and whit Näidl an Feidl zambundn. Is very lecker!»

An den Mienen der Reisenden konnte ich ablesen, dass sie darauf keinen Appetit hatten.

«Vielleicht essn däi ka Fleisch», versuchte Mariechen zu helfen, «empfehl ihnen halt an Fisch!»

Dummerweise gab es auf der Karte keinen Fisch aus internationalen Gewässern, sondern nur unseren heimischen Karpfen.

«It's a big fish, who is swimming in a trüb Tümpel.»

Ich versuchte, mit dem Mund das Luftschnappen eines Karpfens nachzuahmen. Das wirkte anscheinend eher abschreckend auf den Appetit der Gruppe, sodass ich nunmehr mit der eigentlichen fränkischen Spezialität auftrumpfen wollte: Schäufele. Für Nichtfranken übersetzen wir dieses Gericht gerne als gebackene Schweineschulter; der Name ist vom Knochen abgeleitet, der die Form einer Schaufel hat. Bei unseren amerikanischen Gästen musste ich aber etwas weiter ausholen.

«Schäufela, it's the shoulder from a pork! Wennst a Großes willst, you must order a big pork! Mit Kruste!» Ja, genau, mit Kruste, sonst wäre es ja kein Schäufele, sondern ein Schweinebraten.

«Soch denen, das dazou a Kardofflkniedla essn mäin!», mischte Mariechen sich wieder ein.

Langsam wurde es eng mit meinem Englisch, ich holte nochmals tief Luft.

«A potatodumpling with Bredbröckerla!»

Die Gruppe packte schleunigst ihre Sachen zusammen und stürmte aus dem Lokal.

«Siehst», freute sich Mariechen, «mid deim Englisch vertreibst du noch alle Touristen aus Nämberch.»

Diesen Triumph wollte ich ihr nicht gönnen.

«Sei doch froh, dann bleiben für uns Einheimische mehr Broadwörschd, Karpfen und Schäufele übrig!»

Ich glaab ja, däi Cloggs-Kuni hot ihr Wohnung kündigt»,
meinte Mariechen, als wir durch den Haupteingang des
Fürther Klinikums spazierten, «su oft, wäi däi im Kranknhaus
is, braucht die doch kanne eigner vier Wänd mehr. Und billiger
wärs a, wall des Klinikum zohlt ja die Kranknkasse.»

Da wir nicht wussten, in welcher Abteilung die Cloggs-
Kuni diesmal war, wandten wir uns an die Schwester, die am
Empfang saß und über irgendwelchen Krankenblättern brütete.

«Entschuldigung, mir hättn gern gwusst, auf welcher Station däi Cloggs-Kuni liegt.»

Etwas genervt, dass ich sie bei der Arbeit störte, blickte die
Schwester auf. Evi war ihr Name, das konnte ich dem Schild
entnehmen, welches unterhalb ihrer Brust auf der Schwestern-
tracht hing.

«Wie heißt die? Da brauch ich schon den korrekten Namen.»

Sie beugte sich wieder über ihre Arbeit. Wir standen etwas
ratlos da, seit Jahrzehnten kennen wir unsere Freundin, jeder
nennt sie nur Cloggs-Kuni, sodass wir ganz vergessen hatten,
wie ihr eigentlicher Name lautete.

«Madla, edz pass amol auf», schaltete sich Mariechen ein,

«wäi däi heißt, wissen mir a nimmer. Obbä däi Frau kummt bald alle vierzehn Dooch doher, sie is a weng aufgschwemmt und trägt immer so bläide Holzcloggs, däi beim Laufn a Gwerch* machen wie a ganze Kompanie!»

Schwester Evi zuckte zusammen.

«Ach, diese Dame meinen Sie, die kennt ja schon das gesamte Krankenhaus. Die liegt im 4. Stock – Urologie! Der Aufzug ist ums Eck rum.»

Mariechen hakte sich bei mir unter, und wir begaben uns zum Aufzug. Ich wunderte mich, dass hier im Haupttreppenhaus kaum Menschen waren, nur ein Ehepaar, das anscheinend nicht wusste, wo es eigentlich hinwollte. Ich drückte den Aufzugknopf, und es tat sich – nichts. Sehr lange nichts. Wir befürchteten schon, dass irgendetwas kaputt wäre und wir die vier Stockwerke zu Fuß nach oben laufen müssten.

Endlich, nach langem Warten, öffneten sich die Aufzugtüren auf unserer Seite, aber auch auf der gegenüberliegenden, wo sogleich unzählige Besucher, Patienten und Ärzte hineinströmten. Mühevoll erkämpften wir uns ein kleines Eckchen und standen dann eingepfercht wie die Schafe dicht an dicht. Das Stethoskop eines Oberarztes drückte gegen meine linke Schulter, Mariechens Krokotasche quetschte meinen Oberschenkel, und die rothaarige Mähne eines Teenagers hing mir mitten im Gesicht. Ich betete, dass der Aufzug nicht steckenblieb, was er auch nicht tat, stattdessen hielt er auf jeder Etage. Leute strömten hinaus und herein, nur nicht die, die mich umringten.

Als wir nach einer Ewigkeit den 4. Stock erreicht hatten,

---

* Gwerch: Durcheinander, Unannehmlichkeiten.

schnappte ich draußen nach Luft. Das war auf der Urologie allerdings auch nicht unbedingt so angenehm. Trotz meiner Atemnot nahm ich nur kurze Züge, bis ich mich an den Geruch gewöhnt hatte. Wir liefen einen langen Flur entlang, der gesäumt war von leeren, sauberen Krankenbetten, die an der Außenseite schon Urinflaschen installiert hatten. Ich lachte auf.

«Mariechen, wenn mer des so sieht, da kriegt der Ausspruch von Goethes Dr. Faust, ‹Nachbarin, es Fläschchen!›, a ganz neue Bedeutung.»

«Do hast recht», meinte Mariechen, «drum sag ich a immä: Das Leben ist kein Fleischsalat!»

Kichernd betraten wir das Zimmer der Cloggs-Kuni, die ganz allein und völlig aufgelöst in ihrem türkisfarbenen Nachthemd auf dem Bett saß.

«Stelld euch amol vor, wie die do einen behandeln. Heut früh frägt mich die Schwester, ob ich a Bettpfanna brauch. Edz mou ich do inna selber kochn!»

Ich beruhigte sie und drückte ihr den Speiseplan, der auf ihrem Nachttisch lag, in die Hand.

«Naa, schau der des amol oh, des is die Speisekarddn, do siehst, wos es jedn Dooch zu essn gibt, und des wird dir direkt am Bett serviert!»

Auch Mariechen warf einen Blick auf die Karte und verzog den Mund.

«Also, ich waß fei net, im Kranknhaus möchte ich ka Einlaufsuppn essn müssn!»

Im nächsten Moment stolperte sie über einen der herumliegenden Clogs der Kuni. Sie pfropferte vor sich hin, während ich der Cloggs-Kuni ein hübsches Blumentöpfchen mit frischem Basilikum überreichte.

«Do kannst immer schee frisch dei Essn do nochwürzn.» Innerlich freute ich mich, dass wir nicht so viel Geld für das Geschenk hatten ausgeben müssen.

«Mir wünschn dir nu a gude Besserung und schau fei, dass vur deim Geburdsdoch rauskummst, dass mer den net widdä do im Krankenhaus feiern müssn», ermahnte sie Mariechen. «Und edz müss mer scho geh, weil mir hom nu mehr zu tun, als deine Kranknhausgschichtn ohzuhören.»

Und schwups waren wir schon wieder raus aus ihrem Zimmer. Diesmal war es wirklich schnell gegangen, aber wir wussten ja, wenn man die Cloggs-Kuni nicht zu Wort kommen lässt, kann man sich flink verziehen, ohne dass sie meckern kann.

Den Aufzug wollten wir nicht noch einmal benutzen, lieber nahmen wir den beschwerlichen Weg durchs Treppenhaus auf uns. Ich geriet ins Grübeln: Waren wir bei unserem Mitbringsel für die Patientin nicht gar zu knausrig gewesen?

«Vielleicht hätt mer der Cloggs-Kuni doch besser a Buch gschenkt.»

Mariechen hatte wohl schon vergessen, dass wir von einem Krankenbesuch kamen.

«Gestern hob ich mir in Würzburg a CD vo der Anna Tomie kaaft.»

«Eine CD? Du mahnst a Buch über Anatomie!»

«Na, a CD, des muss mer doch hörn, die singt doch su schee.»

«Wer?»

«Die Anna Tomie.»

Ich wurde stutzig.

«Du meinst die Anna Netrebko, die in Salzburg die Schwindsuchtpritschn gsunga hot, vom Verdi die Traviata.»

«Ich kauf mir vill su Bücher und CD und DVDs, DDWCs und wos es do alles gibd. Edz gibts a neues Kochbuch, des wird in alle Zeitung beschriebn: ‹Das Beste vom Sellerie›.»

«Du meinst einen Bestseller, des is a Buch, des in die Top Ten is.»

«Englisch les ich net. Obbä a bayrisches Dialektbuch hob ich mir kauft, des heißt ‹Hundskribbl›.»

«Des hob ich ja nu nie ghört.»

«Naa, Sakradi.»

«‹Sakrileg› meinst du, vom Dan Brown. Des spielt in Paris im Louvre, do wo auch die Grinskistn Mona Lisa hängt, da findet der einen Code, den nimmt er mit, und dann wird er vo alle gjagt, wall jeder will den sein Code!»

«Pfui Teifln, suwos mog ich net. Des is ja ein Verfall der Sittn is des! Edz gibts Bücher, su wos hätt ich mich früher gor net denkn traun. Wie war des? ‹Dem David seine Genitalien sind mein Tod›.»

«Du meinst ‹Der Dativ ist dem Genitiv sein Tod›, des is über die Grammatik!»

«Des mog ich net, däi Rumturnerei, mir reichts, wenn ich a bissla spazieren geh.»

Mittlerweile waren wir vor dem Krankenhausgebäude angelangt, und ich steuerte direkt auf den Taxistand zu. Als ich in einen der Wagen einsteigen wollte, zerrte mich Mariechen jedoch energisch weg.

«Naa, blouß net Taxi fahrn. Mir laufn lieber.»

«Was hast denn? Mir sind doch scho oft Taxi gfahrn in Fürth, des sind doch alles nette Fahrer da.»

Sie zog mich eilig um die Ecke der Jakob-Henele-Straße, die wieder mal an allen Ecken und Enden zugeparkt war.

Keine Chance – der Taxifahrer *muss* uns mitnehmen.

«Des Taxi kenn ich, für den bin ich amol aushilfsweise gfahrn, und seitdem is der net gut auf mich zu sprechen.»

Jetzt war ich doch sehr verwundert, bis zu diesem Moment hatte ich nicht gewusst, dass Mariechen jemals als Taxifahrerin gearbeitet hatte.

«Du hast doch gor kann Taxischein!»

Mariechen blickte sich sicherheitshalber um, ob ihr der Taxifahrer nicht doch gefolgt wäre. Aber hinter uns war niemand.

«Es war am Rosenmondooch», begann sie geheimnisvoll, «da wolld der goude Moh amol selber Fasching feiern, und ich hob ihm angebotn, sei Schicht zu übernehmen. Und glei bei meiner erschdn Fahrt steigt am Hauptbahnhof a nackerder Mann zu mir ins Taxi.»

«Ganz nackert?» Die Geschichte wurde ja immer heikler!

«Splitternackt! Ich bin dodol erschrocken. Duns mehr nix, hob ich gsacht, nur wenns sein muss. Da behauptet der, er wär doch net nackerd. Dann macht er sein Mund auf und hot a Kirsche zwischn seine Zähn und sagt, er geht aufn Masknball als Mon Chéri. Vur Schreck hob ich so stark bremst, dass der sei Kirschn verschluckt hat. Do hat er verlangt, ich soll ihm auf der Stell a neue Kirschn bsorgn.»

«Wo kriegst denn bittä im Februar in Fürth frische Kirschn?»

«Ja, des hob ich mir a denkt! Drum bin ich in nächstbestn Supermargd gfahrn und hob ihm a Glas Marmelad kauft.»

«Wos soll denn der mit einer Marmelad?»

«Do hob ich ihm gsacht: Die schmiern sie sich in ihrn Hintern, dann könners als Krapfen gehn!»

Ich lachte lauthals auf.

«Hättst nern a Pfefferminz mitbracht, dann hätt er als After Eight gehen können!»

Oper Nürnberg

Endlich hatte ich zwei der heißbegehrten Karten für «Die Fledermaus» von Johann Strauß am Staatstheater Nürnberg ergattern können. Aufgerüscht mit Pumps, Pailletten und Plissee betraten Mariechen und ich das Opernhaus. Traditionell beginnen wir so einen Abend mit zwei Piccolos im Foyer, um ein bisschen mehr in Stimmung zu kommen. Mariechen gönnte sich auch noch ein Bier dazu sowie zwei Tassen Kaffee, eine Orangenlimonade, ein kleines Mineralwasser, eine Cola light, zwei Apfelkorn und eine Brezel.

«Edz dauerts ja eh widdä su lang, bis mer wos zum Trinken kriegt», erklärte sie.

Wir mutmaßten, was für eine Inszenierung uns wohl erwartete.

«Do spilln fei die beidn Komiker aus Fürth mit», glaubte sie zu wissen, «wasst scho, des sind dei, dei immer alte Leut veroaschn und in Fraunkleidern auftreten.»

Ich schüttelte den Kopf, während ich meinen Sekt leer trank.

«Ich mooch des ja net, wenn Männer Frauenkleider anziehen.»

Und damit tapsten wir zu unseren Plätzen im Parkett. Mit bestem Blick auf die Bühne warteten wir gespannt auf den Beginn dieser herrlichen Operette. Das Licht wurde eingezogen, und kaum dass es ein bisschen dunkler wurde, hatten manche Besucher anscheinend das Gefühl, ihre Stimme zu verlieren. Warum sonst hätten sie sich auf die unangenehmste Weise räuspern sollen, wenn es nicht darum ging, sich zu vergewissern, dass ihre Stimme noch da sei? Einer begann, und fünfunddreißig andere folgten. Dadurch waren wir schon ein wenig von der Ouvertüre abgelenkt, und dann begann auch noch die Dame vor uns, in ihrer Handtasche zu wühlen.

«Däi braucht edz bestimmt an Bonbon», flüsterte Mariechen.

Unsere Blicke konzentrierten sich auf die besagte Dame. Diese aber kramte ungeniert weiter in ihrem Täschchen, bis der Lippenstift herausfiel. Mit viel Getöse rollte er nach vorne und plumpste dann auch noch in den Orchestergraben, genau auf die Pauke, die einen dumpfen, nicht in der Partitur stehenden Ton von sich gab.

Das Geschehen auf der Bühne interessierte uns schon gar nicht mehr, atemlos verfolgten wir den Kampf der Dame mit ihrer Tasche. Endlich hatte sie das Bonbon gefunden, doch damit ging die Unruhe erst recht los. Offenbar war die Handtasche ihre Theaterhandtasche, also eine, die man nur einmal im Jahr benutzt. Entsprechend lang durfte das Bonbon schon darin gelegen haben. Und bestimmt hatte es schon mehr als vier Jahreszeiten von heiß bis kalt, von feucht bis trocken mitgemacht. Nun schickte sich die Frau an, das Papier zu entfernen, aber nicht, wie es jeder normale Mensch getan hätte, nein, vielmehr schien sie zu glauben, je langsamer sie das Papier öffnete, umso leiser wäre sie. Aber genau das Gegenteil war der Fall: Das Geraschel wollte kaum enden. Nachdem sie endlich das Bonbon von seiner Hülle befreit hatte, legte sie das Papierchen fein säuberlich wieder zusammen, was weiteren Lärm erzeugte.

«Endli is fertich», vernahm ich kaum hörbar von Mariechen, aber da hatte sie sich getäuscht. Die Dame nahm das Bonbon in den Mund und legte es unter die Zunge, damit es schön eingespeichelt wurde. Dann schnalzte sie es mit der Zungenspitze nach vorne an den Schneidezahn, der Schneidezahn gab ab zum Backenzahn, der Backenzahn flankte vor zum Eckzahn, der wiederum weiterkickte zum rechten Backenzahn. Ich konnte nicht mehr an mich halten.

«A Flipperautomat is a Dreck dagegen!»

Die Lutscherin rührte das nicht im Geringsten. Auch vermied sie es, ihre Süßigkeit bei geschlossenem Mund zu lutschen, sodass uns immer wieder eine Wolke von Eukalyptus umhüllte. Nun holte die Sitznachbarin der Dame zum Gegenschlag aus und beförderte aus ihrer Jackentasche eine Packung Tic Tac zutage, die sie lautstark zum Einsatz brachte. Ihre Freundlichkeit war groß genug, der Sitznachbarin auf der anderen Seite ebenfalls ein solches Pfefferminzbömbchen anzubieten und auch der nächsten, fast die halbe Reihe wurde damit eingedeckt.

«Mein Gott», schimpfte Mariechen, «des Zeuch hot blouß zwei Kalorien, macht obbä a Gwerch wie a ganze Samba-Gruppe!»

Inzwischen hatten wir den kompletten ersten Akt versäumt. Die Pause wollte Mariechen nutzen. Sie deutete mir an, sie müsse mal schnell raus, und drückte sich durch die Reihe. Ich hoffte nur, dass alles gutging und ihr die kurze Pause für den Gang auf die Toilette reichte. Es wäre nicht das erste

Vorhang auf – jetzt kommen die rüstigen Witwen!

Mal gewesen, dass sie mich im Theater blamierte. Ich erinnere mich noch zu gut an unseren Besuch im Schauspielhaus bei «Richard III» von William Shakespeare. Da motzte sie vorher schon herum, dass wir die Drittbesetzung hätten und nicht Richard den Ersten oder wenigstens den Zweiten. Und als dann der Schauspieler die bekannteste Stelle rezitierte – «Ein Pferd. Ein Königreich für ein Pferd!» –, rief Mariechen prompt lauthals über die Rangbrüstung: «Tuts a Esel auch?» Über das Kichern der Zuschauer hinweg erwiderte der Schauspieler mit erhobener Hand: «Aber gerne, kommen Sie nur herunter, gnädige Frau.»

Das brachte ihm wohl Szenenapplaus, aber für mich war der Abend gelaufen, weil mich Mariechen beleidigt mit nach draußen gezogen hatte. Und jetzt ahnte ich wieder Schlimmes, der zweite Akt hatte begonnen, und sie kam erst nach dem Vorspiel wieder auf ihren Platz zurück.

«Hob ich wos versäumt?»

«Na, nix, des is ircherdwie modern inszeniert, wenig Ballett, und zum Vorspiel is a Fraa auf die Bühne und hot in a Blumavasn biselt. Däi hot es gleiche Kleid wie du anghabt!»

Mit diesem Satz wurde mir erst bewusst, was eigentlich gerade eben auf der Bühne passiert war. Zum Glück stimmte die Rosalinde gerade ihren Czardás an, sodass von den umsitzenden Leuten kaum einer etwas von unserem Gespräch mitbekommen hatte. Aber als sich der Zuschauerraum zur nächsten Pause wieder erhellte, bemerkte ich um uns herum Getuschel und schiefe Blicke. Klar, jetzt wo es hell war, konnten alle das auffallend geblümte Kleid von Mariechen erkennen und wussten, wer die Sondereinlage auf der Bühne gegeben hatte.

Ich packte Mariechen und zerrte sie zum Seiteneingang hinaus: «Mir gehen do nimmer nei, des is ja nur peinlich mit dir!»

Auf diesen Schrecken wollten wir uns noch ein Gläschen genehmigen. Wir diskutierten, ob wir lieber in die nette Weinstube ganz in der Nähe gehen sollten oder gleich zurück nach Fürth in die Ausgehmeile Gustavstraße.

«Naa», wehrte Mariechen ab, «in die Weinstubn mag ich edz net, do sind blouß alte Leut drin. Mir gehen dohi, wou däi junga Männer sind.»

Also auf in die U-Bahn. In Fürth angekommen, tapsten wir am beleuchteten Rathaus vorbei, zielstrebig über den Waagplatz und bogen dann fröhlich in die Gustavstraße ein. Die erste Kneipe war Mariechen zu dunkel, die zweite Kneipe zu voll, in der dritten kannte sie jemanden, den sie nicht ausstehen konnte, die vierte machte schon zu, und so standen wir letztendlich vor dem «Alten Rentamt».

«Des passt doch genau für uns», stellte ich fest. «Rente kriegn mer scho, alt simmer a, besser könnt mers doch gor net derwischen.»

Kaum zur Tür herein, wurden wir von der fröhlichen, vorwitzigen Wirtin im blauen Trachtenhemd mit einem lustigen «Hallo, die Damen, nur herein mit Ihnen!» begrüßt. Mariechen schnupperte links und rechts und wollte schon wegen dem Brandgeruch die Feuerwehr rufen. Als wäre sie noch nie hier gewesen! Geduldig erklärte ihr die Wirtin, der Geruch käme vom Buchenholzgrill, wo sie ihre Steaks zubereiteten. Ich half Mariechen auf einen der Barhocker vor der hölzernen Theke und schwang mich auf den danebnen.

«Ich trink heut amol a Kellerbier», schwadronierte sie, um dann im nächsten Augenblick einen Schoppen Silvaner zu bestellen. Ich entschied mich lieber für einen rassigen Riesling. Wir prosteten uns zu. Neben mir saß ein stattlich gebauter Herr mit einem humorvollen, spitzbübischen Grinsen im Gesicht. Er hatte gerade ein Glas Rotwein geleert und bestellte sich nun ebenfalls einen Riesling.

«Pass auf», raunte Mariechen warnend, «des is a ganz a Scharfer. Wenn a Mo sich des Gleiche bstellt wie die Fraa, dann will er wos vo ihr!»

«Naa, den kenn ich», beruhigte ich sie, «der trinkt immer die unterschiedlichstn Sachn nocheinander. Manchmol rennt der sugor midm Kupf gecher Säulen oddä wos halt grod im Weg steht. Hob ich alles scho derlebt.»

Ich blickte zu ihm hinüber, er zwinkerte mir zu und erhob sein Glas.

«Schau, edz fängt er scho o, dich anzubaggern», keifte Mariechen neben mir, während sie ihn argwöhnisch musterte.

«Kathi, soch amol», wandte ich mich an die Wirtin, um abzulenken, «dei Mo is heut gwies gor net do? Des is obbä schad.» Kathi meinte nur, er sei schnell weg auf einen Kaffee und müsse eigentlich bald zurückkehren.

«Wos glotzens denn dauernd mei Freundin an?», maulte Mariechen plötzlich zu dem lächelnden Herrn hinüber. «Däi is scho aus dem Alter raus, wos Kerle mit heimnimmt!»

Ich schnellte herum und hätte fast ihr Weinglas quer über die Theke geschleudert.

«Wos soll denn edz des? Lass den Mo in Friedn und halt dich aus meim Leben raus!»

«Ich mahns ja nur goud mit dir, net dass dich hinterher beschwern tust!»

Bevor wir uns weiter in die Haare kriegen konnten, flog die Eingangstür auf, und Reiner, der Wirt mit den pechschwarzen Haaren, die bei jeder Tageszeit von einer Sonnenbrille statt einer Haarspange nach hinten zurückgehalten wurden, stürzte herein und rief: «Macht amol a gscheide Musik da!» Ein guter Vorschlag, denn Musik zu später Stunde ist immer gut.

«Obbä bittä net su a moderne Gwerchmusik», warf Mariechen gleich ein, «sondern a wenng wos zu uns passt!»

Reiner stand schon an der Musikanlage und kramte eine Max-Raabe-CD hervor; bald darauf ertönten die herrlichen Schlager aus den zwanziger und dreißiger Jahren. Die übrigen Gäste waren ein bisschen erstaunt, ließen sich aber dann doch von den Melodien mitreißen. Mariechen und ich schunkelten auf den Hockern, selbst der dicke Mann neben mir begann, leicht zu schwanken – ob nun vom Riesling oder der Musik, konnte ich nicht feststellen. Aber am besten war der Wirt drauf, anscheinend war a bissl was drin gewesen in seinem Kaffee. Anfangs sang er nur lautstark mit, bei «Mein Gorilla hat 'ne Villa im Zoo» jedoch dichtete er den Refrain kurzerhand um, was dann klang wie: «Mein Goooooorilllllaaaaa hat den Finger im …»

Das Lied brachte ihn dermaßen in Schwung, dass er auf die Theke sprang, einige Tanzbewegungen vollführte, um dann wie ein kleiner Affe von Barhocker zu Barhocker zu springen. Beim nächsten Lied wurde es schon etwas unangenehmer, denn zum «kleinen, grünen Kaktus» pikste er uns fröhlich mit einer Kuchengabel, weil es in dem Song immer wieder heißt «und der sticht, sticht, sticht». Der dicke Mann neben mir spürte dies nicht so, aber Mariechen gab immer wieder kurze, spitze Schreie von sich, wenn sie die Gabel traf.

Bei «Dort tanzt Lulu, ahaha, ohoho» griff sich Reiner vom nächstbesten Tisch ein Tischtuch und band es sich als Röckchen um die Hüfte; eine Serviette musste als Kopftuch herhalten. So ausstaffiert, schnappte er sich Mariechen und wirbelte mit ihr einen schwungvollen Walzer quer durchs Lokal. Alle Gäste applaudierten begeistert, derart ausgelassen hatte man ihn selten gesehen. Um die Stimmung anzuheizen, rief ich: «Zugabe! Zugabe! Mariechen, mach ihn fertig!» Doch Reiner lehnte sich hechelnd an die Theke und verlangte nach einer Pause.

Der Wirt hatte die Rechnung ohne seinen CD-Player gemacht, das nächste Lied ertönte bereits, und es war mehr als eine Aufforderung für Mariechen: «Wenn ein junger Mann

Nein, Thekenschlampen sind wir keine.

kommt, der weiß, worauf's ankommt, weiß ich, was ich tu ...» Reiners Augen wurden mit einem Mal riesengroß, das Entsetzen stand ihm förmlich ins Gesicht geschrieben, als sie sich zur Attacke aufbaute.

«Bürschla, edz ghörst mer!», brüllte sie und stürmte auf ihn los.

Just in diesem Moment wirkten bei meinem Sitznachbarn die vielen Schoppen Wein. Er stand von seinem Barhocker auf, verlor ein bisschen das Gleichgewicht und positionierte sich genau in Mariechens Schusslinie. Sie hatte schon zum Sprung auf Reiner angesetzt, konnte nicht mehr stoppen und landete mit gespreizten Beinen auf dem weichen Bauch des dicken Mannes. Der Chef nutzte diesen Moment und flüchtete panisch aus seinem eigenen Lokal. Mariechen hingegen hing nunmehr rittlings auf dem dicken Mann, der trotz der unangenehmen Situation sein Lächeln nicht verlor.

«Ich hab's gewusst», sagte er trocken, «irgendwann fliegen die Frauen auf mich.»

Mallorca, olé

Möchte man im Ausland Urlaub machen, aber nicht auf die deutsche Küche und die gewohnte Sprache verzichten, bleibt einem als Reiseziel wohl nur der Deutschen Lieblingsinsel Mallorca übrig. Und weil Mariechen unbedingt in die Sonne wollte, buchten wir einen Kurztrip auf die Baleareninsel. Unser Hotel war gar nicht weit vom Strand entfernt, und so trippelten wir gleich am Morgen nach der Ankunft los, den Ballermann zu erobern.

Während unseres kleinen Spaziergangs musterte ich missbilligend die zahllosen Touristen. Wie die alle gekleidet waren! Es schauderte mich vor der zu bunt geratenen Herrenoberbekleidung (bei der Unterwäsche bleibt der Deutsche immerhin noch schön brav bei weißem Feinripp). Wo kaufen die Leute das nur? Stone-washed Jeans-Häubchen im Partnerlook, heidelbeercremefarbene Poloshirts und Zellulitis-Hot-Pants. Oder die monströs gefüllten Badeanzüge, die ihren Namen zu Unrecht haben, denn anziehend wirken sie keineswegs.

So schleichen die Touristen unentschlossen über die Strandpromenaden der einst so pittoresken Orte und drücken mit ihren Knollennasen die Schaufenster fettig, wenn sie sich nicht gleich aus Versehen das Hirn fürchterlich an der Scheibe prellen. Jeder Zweite mümmelt an einem Eis, wie bei uns die Hasen am Salatblatt, gierig schleckt die lange Zunge in rundlichen Bewegungen um die wulstige Dicke der Eiswaffel; währenddessen tropft das Schokoladeneis ganz langsam durch die untere Spitze der Tüte auf den hervorhängenden Bauch.

Aber es gibt noch mehr erheiternde Touristensnacks «to go». Die Tiefkühlpizza ist ja eigentlich schon die italienische Spezialität schlechthin für die Deutschen, aber die Pizza «auf-die-Hand» lässt das Touristenherz erst recht höherschlagen. In Urlaubsorten lauert an jeder Ecke eine der grotesken Schauküchen (manche haben durchaus Ähnlichkeit mit einem geöffneten Toilettenfenster), die auf einer Blechplatte diese wenig anmutigen viereckigen Dinger feilbieten. Ein Italiener würde sie kaum als Pizza bezeichnen, der Deutsche jedoch verlangt sie auch zu Hause von seiner Pizzeria um die Ecke.

Also dieses Ding, serviert auf einem Pappdeckel mit Serviette, gleitet nun durch die Finger des hungrigen Touristen, der sich noch nicht ganz entscheiden kann, von welcher der vier ziemlich identisch aussehenden Seiten er knabbern soll, und während er nun überlegt, beginnt das Ding beziehungsweise das auf dem Ding Liegende sich zu verselbständigen und genau dahin zu rutschen, wo die Hand des Essers nicht ist. Nach einigen Jonglierversuchen mit den überaus fettigen Fingern, gleitet das Ding durch selbige und landet, je nach Position, im Handtäschchen der Gattin, auf der Spitze der Quersandale oder auch in den durch das Jonglieren bereits breitgetretenen Haufen eines spanischen Straßenköters. Nur der entsetzte Schrei der Gattin – «Lass liegen, Erwin!» – hält ihn davon ab, das Pizzastück wieder aufzuheben.

Genau an so einem Ort war ich mit Mariechen gelandet. Es dauerte einige Zeit, bis wir ein ruhiges Plätzchen direkt am Meer gefunden hatten, das weit genug weg vom Straßenlärm war und von einigen Palmen gesäumt war. Obwohl wir die warme Sonne auf unseren Liegestühlen genossen, begann ich zu nörgeln.

«Achgodderla, ich wär ja lieber ans Nordkap gfohrn. Obbä es Mariechen muss ja unbedingt aaf Mallorca. Mir mäin alles machen, wos du willst.»

«Stimmt doch gar net! Letztes Jahr hat die Graffl-Siggi bestimmt, und da simmer nach Paris gfahrn.»

Ich dachte nach und musste ihr letztendlich recht geben. Die Drei-Tages-Fahrt in die französische Hauptstadt war eine gar nicht so glorreiche Idee unserer Freundin Graffl-Siggi gewesen. Ein Kunsturlaub, wie sie betonte, mir kam es aber eher vor wie ein Höllentrip durch alte Ölschinken. Fast die komplette Zeit mussten wir im Louvre verbringen und uns ein Bild nach dem anderen anschauen. Nur Ute war ständig begeistert, schon beim ersten Gemälde rief sie aus: «So ein toller Van Gogh!» Ich brachte ihr allerdings schonend bei, dass es sich um einen Rubens handelte. So ging das auf jeder Etage weiter, bei jedem Bild schrie Ute verzückt: «Ein toller Van Gogh!», und ich musste ihr ein ums andere Mal erklären, dass sie gerade vor einem Rubensbild stehe. Endlich, im obersten Stock schien sie es begriffen zu haben.

«Der Rubens konnte malen!», jubelte sie. «Schaut doch mal die prallen Formen, die dicken Schenkel und das runde Gesicht!»

Mariechen zog sie weg.

«Ute, des is ka Rubens, des is a Spiegel!»

Was für Erinnerungen! Und nun statt Kunst nur Sonne, Meer und Ballermann. Mariechen döste vor sich hin und brabbelte.

«Ich glaub, nächstes Johr kann ich nimmer in Urlaub fohrn, ich möchte ja keinem zur Last falln.»

Wenn die wüsste, dachte ich, aber ich schwieg, um die Stimmung nicht kaputtzumachen. Sie schmierte sich etwas Sonnencreme auf ihre faltigen Unterarme.

«Obbä wenns halt nimmer geht, dann gehts halt nimmer», sagte sie traurig. «Man muss dankbar sei für des, was mer in seim Leben gsehn hat, und ich hob vill gsehn. Obbä edz gehts hald nimmer, dann bleib ich hald daheim, da is es auch schön. Edz is halt vorbei.»

Mühsam versuchte sie dabei, ihren Rücken einzucremen, indem sie die komplette Flasche Sonnenmilch auf einem Badetuch versprühte, um dann damit ihre Rückseite abzurubbeln. Plötzlich kam es wie aus der Pistole geschossen.

«Du, Waltraud, wo fahrn wir denn nächstes Jahr in den Urlaub hin?»

Ich wollte meinen Ohren kaum trauen: Eben noch zu Tode betrübt, hatte sie nun schon wieder Reisepläne!

«So weit im Voraus willst du noch planen? Na, wie wärs denn dann amol mit Burma?», sagte ich mehr aus Spaß.

«Da war ich doch erst vor kurzem», brummte sie.

Ich nahm meine Sonnenbrille ab. Hatte sie vielleicht schon einen Sonnenstich? Ich erklärte ihr, dass sie doch noch nie in Burma gewesen sein könne; so einen langen Flug mit 14, 16 Stunden würde sie doch gar nicht mehr aushalten.

«Ach, Schmarrn, da fliegt man doch net so lang, des is a Tagesfahrt, die hab ich mit der Cloggs-Kuni gmacht für vierzehnfünfundneunzig.» Nach einer Pause schob sie hinterher: «Zum Schuhekaufen nach Birmasens!»

Ich überlegte kurz, ob ich wirklich noch weitere Urlaubsvorschläge machen sollte, aber Mariechen kam mir zuvor.

«Oddä mir fahrn amol zu dir – nach Deiland!»

Ich rumpelte von meinem Liegestuhl hoch und wollte sie schütteln, aber sie schwatzte ungerührt weiter.

«Oddä mir fohrn zu mir – nach Meiland! Oddä noch besser, mir machen amol Urlaub in Fürth.»

Ich sank zurück auf meinen Liegestuhl. So viel Durcheinander am frühen Vormittag war einfach zu viel für mich.

«Was willst denn in Fürth Urlaub machn? Mir wohnen doch in Fürth!»

Mariechen begeisterte sich immer mehr für diese Idee.

«Des is doch dodol praktisch. Stell dir mol vor, um neun in der Früh gehst mit deim Kuffer ausm Haus, gehst über die Straß, und scho bist da. Brauchst net fliegn, kein Taxi. Kriegst im Hotel dei Frühstück, des Zimmer wird täglich putzt, frische Handtücher kriegst, abnds weißt sofort, woust hin musst zum Essen, wast, wo däi Männer sind zum Tanzn, und es Beste: wennst was vergessn hast, kannst schnell ham und es holen.»

Nichts mehr wollte ich hören, einfach nur noch daliegen, dem Meeresrauschen zuhören und Sonne tanken. Doch wenn Mariechen neben einem liegt, ist an Ruhe einfach nicht zu denken.

«Mir könntn doch», unterbrach sie die Stille, «morgen auf den Wochnmarkt auf Palma nei, do gibts bestimmt außergewöhnliche Sachn zum Sehn!»

Das lehnte ich sofort ab, ich hatte Angst, sie würde mich dort vor allen Leuten blamieren, wie sie es vor Urzeiten auf dem

Essen ist der Sex des Alters.

Viktualienmarkt in München getan hatte. Damals ließ ich mich von einer Marktfrau über eine mir unbekannte Frucht aufklären: Es handele sich um Auberginen, die würden eingeführt.

«Siehst, Waltraud», schrie Mariechen über den ganzen Marktplatz, «du hättst die Dinger gfressn!»

Nein, im Urlaub wollte ich bestimmt nicht mit ihr auf einen Markt gehen. Mariechen rutschte unruhig auf ihrem Liegestuhl hin und her – Hummeln im Hintern nennen wir das zu Hause. Sie wollte unbedingt was erleben.

«Dann geh mer in die Botega nebn userm Hotel, die schaut doch ganz nett aus.»

Auch dieser Vorschlag behagte mir nicht.

«Da war ich gestern drin, des taugt nix. Ich hab zur Bedienung in meim schlechtn Spanisch gsacht: ‹Scusi, Senioras Camanjeros Bedienungsoss, kummassos amolos heros. Is des do a Apfel-Torta oddä a Pfirsich-Torta?› Sagt die auf Deutsch zu mir: ‹Schmecken Sie das nicht?› Ich verneinte, und die drauf: ‹Na, dann kann es Ihnen doch egal sein!›»

Langsam stimmte Mariechen mir zu, dass Mallorca nicht alles halten kann, was es verspricht.

«Alle habns erzählt und gschwärmt vo diesem Herrn Ballermann, der da rumlaufen muss, der hat mit alle Sex. Und edz sitz ich scho an halbn Dooch hier, und der is immer noch nicht kommen!»

Mühsam konnte ich ihr erklären, dass der Strandabschnitt einfach nur so genannt wird und dass manche Touristen hier erotische Erlebnisse hätten, sie aber solle sich da keine Hoffnung mehr machen.

Das Thema schien sie plötzlich nicht weiter zu interessieren, sie erfreute sich an der Natur.

«Obbä schön is da scho, vor allem der Sandstrand da. Warum heißt der Sandstrand eigentlich Sandstrand?»

Was wollte sie nun von mir?

«Warums Kopfsteinpflaster heißt, weiß ich! Weil wenn da so ein Stein raussteht, dann stolpert man drüber und prellt sich den Kopf aufm Stein, und dann brauchst a Pflaster!»

Ich stöhnte auf.

«Mariechen, bitte, net so a Gschmarri im Urlaub. Ich möchte mich erholn!»

Um weiteren Weisheiten zu entgehen, stand ich auf und ging unter dem Vorwand, mir eine Zeitung holen zu wollen, Richtung Kiosk. Mariechen krabbelte umständlich aus ihrer Liege. «Ich geh edz ins Meer.» Sie schlurfte über den Strand zum Wasser.

Entsetzt sah ich ihr nach und winkte.

«Mariechen, bleib da, du kannst doch gar nicht schwimmen!»

Schon bis zum Bauch in der Gischt stehend, deutete sie auf die Handtasche, die an ihrer Schulter baumelte.

«Ich net, obbä mei Handtaschen, die is aus Krokodilleder!»

Mörbisch

Wir sind richtige Operettenfans der alten Schule, wir lieben die herrlich kitschigen, farbenprächtigen und opulenten Inszenierungen. Deshalb pilgern wir jedes Jahr zum sogenannten Mekka der Operette nach Mörbisch am Neusiedler See. Das dürfte das größte Operetten-Spektakel in Europa sein, zumindest unter freiem Himmel und direkt auf einem See. In diesem Jahr stand «Der Zigeunerbaron» von Johann Strauß auf dem Spielplan, und wir freuten uns tierisch darauf, dieses Meisterwerk einmal wieder sehen zu dürfen – noch dazu vor der traumhaften Seekulisse.

In Rust hatten wir uns ein Hotel genommen, das gleichzeitig einen Schiffstransfer auf die andere Seite des Sees zu den Festspielen anbot. Eine knappe Stunde tuckerte der kleine Dampfer über den Neusiedler See, wir genossen währenddessen ein Glaserl Veltliner und erfreuten uns an der Abendsonne. Weniger erfreulich war die Bordtoilette. Denn das Schiff hatte keine Wasserspülung, daher musste man das benutzte Toilettenpapier in einen kleinen Eimer entsorgen, der neben der Schüssel stand. Ich möchte mich gar nicht mehr an den Geruch dieses Raumes erinnern müssen.

Am kleinen Hafen von Mörbisch angekommen, flanierten

wir mit den Tausenden anderen Gästen zu den Zuschauer-
rängen, kauften uns noch bequeme Kissen für die unbeque-
men Stahlrohrstühle und machten es uns auf unseren Plätzen
gemütlich. Die zwei Plätze in der Reihe direkt vor uns waren
noch frei.

«Wohrscheinli hob ich widdä an dickn, großn Mo vur mir»,
unkte Mariechen, «der die ganze Zeit midm Kopf vo links nach
rechts wacklt.»

Um sie bei Laune zu halten, bot ich ihr an, die Plätze zu
tauschen. Dann hätte ich im Fall des Falles den Mann vor mir
gehabt, und bei meiner Größe wäre dies nicht ganz so schlimm
gewesen. Flugs setzten wir meinen Vorschlag in die Tat um,
und schon konnten wir dem Intendanten applaudieren, der gerade die Bühne betrat, um sein Publikum zu begrüßen. Genau
in diesem Moment walzten sich zwei Damen durch die Reihe
vor uns, eine junge Frau mit Hut und ein kleines, weißhaariges
Mütterchen. Im Laufen jubelten die beiden dem Impresario
zu.

«Was müssn däi edz nu ohgschissn kumm», erregte sich
Mariechen. «Mir worn doch a pünktlich da.»

Mir war das eigentlich egal, aber nicht, dass sich die Jüngere direkt vor mich setzte. Nun sah ich trotz meiner 65 Euro
teuren Karte kaum mehr was von der Bühne, sondern nur
den riesengroßen und entsetzlich bunten Hut. Bevor ich die
Dame auffordern konnte, ihn abzusetzen, tauschte sie mit dem
Mütterchen die Plätze. Nun konnte Mariechen, die rechts neben mir saß, nichts mehr sehen. Zunächst war sie sprachlos,
dann setzte sie an, sich zu beschweren, aber die beiden Frauen
tauschten nun wiederum mit den Sitznachbarn zu ihrer Linken
die Plätze. Entweder es waren Freunde von ihnen, oder sie hat-

ten sich einfach in der Sitznummer geirrt. Damit kehrte aber immer noch keine Ruhe ein, denn die Hutträgerin beugte sich andauernd zu ihrem rechten Nachbarn hinüber und nuschelte ihm etwas ins Ohr, sodass mir die Sicht genommen war.

«Ja, das alles auf Ehr, das kann ich und noch mehr, wenn man's kann ungefähr», sang der flotte Tenor, «ist's nicht schwer, ist's nicht schwer.»

Der hat leicht singen, dachte ich, der hat auch keinen bescheuerten Hut vor sich, der ihm die Sicht nimmt. Energisch tippte ich der Frau mit Hut auf die Schulter.

«Könnerdns bittschön net ihrn bläidn Kaffeewärmer runtertun, mir sehn hinter Ihnen nix!»

In breitem wienerischem Dialekt erklärte sie mir lautstark, sie könne ihre Kreation nicht abnehmen, sonst würde sie frieren.

«Su a Dolln», grölte Mariechen, «a Hut wärmt doch net!»

Derweil kramte ich in meiner Handtasche und fand noch eine uralte Zigarette, die ich flugs herausnahm, anzündete und der Dame diskret, aber bestimmt in die Hutkrempe legte. Mariechen grinste, ich stupste sie an.

«Pass auf, die is glei weg.»

Wir warteten ein wenig ab. Auf der Bühne ertönte schon «Ja, das Schreiben und das Lesen ist nie mein Fach gewesen», da stieg direkt vor uns eine kleine, weiße Rauchwolke hoch. Der Qualm wurde dunkler, kurz darauf riss sich die Frau den Hut vom Kopf, rief: «Mein Kopf brennt, mein Kopf brennt», und stürzte Richtung Ausgang. Zufrieden lehnten wir uns zurück und konnten zumindest die letzte halbe Stunde vom «Zigeunerbaron» genießen. Und waren uns sicher, diese Frau würde nie wieder eine Theatervorstellung mit Hut besuchen.

Die Kaffeefahrt

Eigentlich wollte ich nie in meinem Leben eine dieser seltsamen Kaffeefahrten per Bus mitmachen, aber am letzten Dienstag hat mich Mariechen dazu gedrängt.

«Ich brauch dich, weil dei Firma hot mir gschriebn, ich hob an Wäschetrockner gwunna, und alleins konn ich den doch gor net heimtragn!»

Vor meinem inneren Auge sah ich mich mit dem Wäschetrockner auf dem Rücken durch Fürth laufen, während Mariechen fröhlich pfeifend neben mir her geht. Doch sie lockte mich weiter.

«Dann kumma mir amol widdä unter Leut, und a Middochessn is a dabei.»

Etwas widerstrebend willigte ich ein, und so gingen wir zum Bahnhof, wo bereits eine Schar Gleichaltriger in beigen Schuhen, hellen Stoffhosen und wetterfesten Jacken auf den Reisebus wartete. Schon verwunderlich, dass eine Gruppe älterer Menschen so unglaublich gleich aussehen kann, als gäbe es nur eine einzige Mode für Senioren. Alle 43 Teilnehmer waren unglaublich aufgeregt, sie ratschten und plapperten euphorisch durcheinander, und jeder Einzelne war stolz wie Bolle, einen Wäschetrockner gewonnen zu haben. Ich befürchtete schon, dass wir mit LKWs reisen mussten, denn wo sonst sollten so viele Wäschetrockner transportiert werden?

Aber nein, es kam nur ein gewöhnlicher Reisebus mit Fahrer, der sich als Herr Holger vorstellte. Er wirkte gar nicht mal so unsympathisch mit seiner blauen Krawatte zum weißen Hemd und dem verschmitzten Lächeln. Gegen den Kampf um die Plätze, der sofort einsetzte, war er machtlos. Uns blieben nur die zwei Sitze genau gegenüber der Bustoilette.

«Do hommer ja an schäiner Platz gfundn», nörgelte Mariechen, «do hommer auf der ganzn Fahrt turbulentes Leben um uns rum.»

Sie war kein Busreiseprofi und würde es auch nie werden. Ich hingegen zog aus meiner Handtasche einen dicken Filzstift und ein Blatt Papier, schrieb schwungvoll «defekt» darauf und klebte es direkt an die Toilettentür.

«So macht mer des, da muss der Bus dann eben an der Autobahnraststätte halten, dass zum Brunsn könna.»

Und schon rauschte der Bus in Richung Gewinnverlosung irgendwo im Grünen. Nach einer halben Stunde kamen die ersten drängenden Bitten, doch schnellstmöglich einen Rastplatz anzufahren. Unter dem Druck der Masse, und es war viel Masse an Bord, hielt Herr Holger bei der nächstbesten Gelegenheit. Die Raststätte war relativ neu, alles wirkte frisch und sauber. Das Angebot an Waren konnte jedem Kaufhaus das Wasser reichen, und fast sämtliche Fastfoodketten waren in einem Gebäude zusammengefasst.

Wir schlüpften als Erste aus dem Bus und beobachteten mit einem gewissen Abstand, was nun geschah. Nach uns quälten sich neuntausend Jahre Lebenszeit hinaus. Der eine Teil davon, ungefähr dreitausend Jahre, stürmte sofort zur Toilette. Diejenigen an der Spitze blieben erst mal im Drehkreuz hängen. Tja, seit einigen Jahren gibt's auf Autobahnraststätten nur noch Sanifer-Toiletten, wo man erst sein Bedürfnisgeld einwerfen muss, damit sich das Drehkreuz bewegen lässt. Und dann bekommt man einen Bon, den man später am Buffet wieder einlösen kann. Allerdings ist er nur ein Bruchteil des Betrages wert, den man für den Toilettengang bezahlt hat. Ich stellte Mariechen gleich eine Rechenaufgabe.

«Wie viele ‹Bruns-Bons› braucht man für einen doppelten Espresso?»

Sie schüttelte den Kopf. Eigentlich konnte sie auch gar nicht auf die Lösung kommen, sie trinkt keinen Espresso.

«Neun Stück», triumphierte ich, «neun Stück brauchst da! Do kann sich a vierköpfige Familie a Middoochessn gar net an einem Tag erpinkeln.»

Wir wandten unsere Aufmerksamkeit den restlichen sechstausend Jahren zu. Die strömten direkt zum Buffet, wo sie von der neuen Raststätteneinrichtung heillos überfordert wurden. Schob man früher sein Tablett einfach an einer langen Theke vorbei, gibt es nun sogenannte Erlebnisinseln: links die Salatbar, dann die Frischfleischstation, hinten die Saftpresse, dazwischen Kuchen- und Tortenbuffet. Unsere Mitreisenden irrten völlig hilflos mit ihren an den Bauch gepressten Tabletts umher. Manche hatten an ihrem Bauch immerhin praktische Einsteckmulden, in die sie das Tablett ähnlich wie beim Backofen einklinken konnten. An ein Durchkommen war in dem Durcheinander allerdings nicht zu denken. Ich verwarf meine Idee, einen schnellen Espresso zu trinken, denn irgendwo lief oder stand oder lag immer ein Reisegruppenmitglied im Weg.

«Und, du Expertin», jammerte Mariechen, «wie solln mir edz do wos kriegn?»

Da hatte sie mich aber unterschätzt, denn nun zückte ich sozusagen meine Trumpfkarte.

«Der Bus fährt ab!», rief ich laut in den Raum hinein.

Schon ließen alle alles stehen und liegen und machten sich auf den Rückweg. Ich hatte ihr Lauftempo einkalkuliert, sodass ich noch einen Espresso trinken konnte; Mariechen kaute gemütlich zwei Stückchen Stachelbeerkuchen. Als wir zum Reisebus zurückkamen, waren wir nicht die Letzten.

Nach insgesamt fast eineinhalb Stunden Pause ging die Fahrt weiter. Auf dem Programm stand noch eine Stadtrundfahrt durch Regensburg – eigentlich fuhren wir nur auf der Autobahn an Regensburg vorbei –, bevor wir schließlich in einem kleinen Dorf in der Oberpfalz namens Reuth landeten. Wir hatten Zeit aufzuholen, und so wurden wir alle in ein Nebenzimmer eines heruntergewirtschafteten Gasthauses aus dem letzten Jahrzehnt gescheucht, wo bereits das Mittagessen auf dem Tisch stand. Da man viel früher mit uns gerechnet hatte, stand dieses Essen schon sehr, sehr lange auf dem Tisch und war eiskalt. Während wir noch in den Tellern herumstocherten, kam schon der schmuddlig wirkende Veranstalter und verkündete, dass nun die Verkaufsveranstaltung beginne.

«Ich will mein Wäschetrockner endli hom», platzte es aus Mariechen heraus, «ich hob scho extra des kleine Schränkla im Badezimmer aufn Sperrmüll gworfen und sogar die Fliesen putzt.»

Der Verkaufsleiter ermahnte sie, nicht in seinen Vortrag zu quasseln, schließlich habe er hier etwas ganz Besonderes anzubieten. Was an einer Sprudelmatte für die Badewanne so

besonders sein sollte, konnte ich nicht verstehen, zumal mir der Preis von 1264 Euro doch ein bisschen hoch vorkam. Er aber pries sein Produkt über den grünen Klee und malte in den schönsten Farben aus, welch wunderbare Muskelentspannungen man damit genießen könne. Nach weiteren drei Stunden Vortrag war Mariechen fast so weit, eines von den Dingern zu kaufen. Ich konnte sie glücklicherweise davon abhalten, indem ich sie daran erinnerte, dass sie zu Hause nur eine Dusche hat, wo die Matte gar nicht reinpasst.

Draußen war es schon leicht dämmrig, als wir die Heimfahrt antraten. Sichtlich erschöpft hing die Gruppe im Bus, von der Anfangseuphorie war nichts mehr zu spüren. Kurz vor Mitternacht trafen wir endlich wieder in Fürth ein. Alle standen mit bleischweren Augen vor dem Fahrer, der nun die Übergabe der Wäschetrockner ankündigte. Aus dem Buslautsprecher ertönte der Triumphmarsch aus »Aida«, wir mussten einen Halbkreis um den Kofferraum bilden und rückwärts von zehn auf null zählen.

Schwungvoll öffnete Herr Holger den Kofferraumdeckel, rief uns zu: «Hier sind Ihre Wäschetrockner!», und drückte jedem Teilnehmer ein kleines Plastikbeutelchen mit jeweils zehn Wäscheklammern in die Hände.

Beim Italiener

Ich saß auf der Terrasse des «Ristorante Pinzimonio» an der Fürther Freiheit und studierte die Speisekarte, als Mariechen ums Eck geschossen kam. Noch völlig außer Atem ließ sie sich auf einen Stuhl fallen und rief dem Kellner Antonio zu, er möge ihr sofort einen Cappuccino bringen. Ich hatte sie schon ungeduldig erwartet.

«Was wolltst mir denn so Wichtigs sagen?»

«Ich?»

«Ja, du!»

«Des was ich doch net!»

«Du host mich doch gestern angrufen und mir die ganze Mailbox vollquatscht, ganz dringend hastes gmacht!»

«Ich hab dich angrufen?»

«Natürlich, mei ganze Mailbox war voll. Erschd hob ich denkt, da is a Perverser am Telefon, weil am Anfang nur Gestöhne zu hörn war, aber dann hab ichs gschnalld, dass du widdä beim Treppnsteign telefoniert hast. Wie du dann in der Wohnung warst, hast gsacht: ‹Hallo, da is des Mariechen, ich muss dir was Wichtigs sagen.› Dann hats an deiner Wohnungstür gschellt, du hast den Hörer hinglegt und hast dei Haustür aufgmacht.»

Antonio brachte den Cappuccino; Mariechen schüttete sich sogleich Unmengen von Zucker hinein.

«Ja, des war mei Nachbarin, die Frau Sidlatscheck. Die is so alt wie ich. Mir schaun immer aufeinander. Sie schellt bei mir, kommt rein, schaut, obs mir gutgeht, dann geh ich mit zu ihr, schau, obs ihr gutgeht; und wenns amol net kommt, geh ich erscht gar net nüber zu ihr, wall dann is eh net da.»

Umständlich rührte Mariechen in ihrer Tasse umher, der viele Zucker hatte den Kaffee zu einem Brei verwandelt, von einem Cappuccino konnte kaum noch die Rede sein. Ich war immer noch neugierig, den Grund ihres Anrufs zu erfahren.

«Zwanzig Minuten hast mit ihr gsprochen – des war alles auf meiner Mailbox drauf. Aber es ist schon interessant, was man da alles erfährt. Hast net bei deiner Nachbarin behauptet, dass mer – ich zitiere wörtlich – der Waltraud ihrn Kuchn überhaupt nich fressen kann?»

«Denn konn mer aber wirklich net fressn!»

«Mei Marmorkuchn is gut! Bei jedem Gemeindefest is mei Kuchn der erschde, der weg is.»

«Wall mern immer wegschmeißn!»

Ich war geschockt. Jedes Mal gab ich mir so viel Mühe mit meinem Marmorkuchen, backte ihn richtig mit Liebe, und dann musste ich so etwas erfahren.

«Des is ja eine Gemeinheit, seit zwanzig Jahr back ich für euch Marmorkuchn, und immer sagt ihr, der wär so gut, und edz muss ich erfohrn, dass ihr den Kuchn immer glei in die Mülltonne haut!»

Mariechen nahm einen Schluck aus ihrer Tasse und verzog dabei angewidert das Gesicht.

«Man trennt die Eier vor dem Backen!», tadelte sie mich lehrmeisterlich.

«In meim Backbuch steht ‹Man nehme sechs Eier›! Drum tu ich die Eier immer komplett, einschließlich der Schalen, in den Teig. Dann wird der Kuchen knuspriger – sozusagen Marmorkuchen-Crisp.»

«Du hast ja keine Ahnung vom Backen!»

Sie schob ihre Kaffeetasse beiseite und bediente sich frech an meinem Weißweinglas, das sie bis zur Hälfte austrank. Ich entschied mich, die demütigenden Neuigkeiten erst einmal zu vergessen, und bohrte weiter wegen ihrem seltsamen Anruf.

«Dann bist widdä ans Telefon kommen und hast gsacht: ‹Hallo, da is des Mariechen, ich muss dir was Wichtiges sagen.› Des hob ich dann scho gwußt, wer dran is. Dann hast den Hörer widdä hinglegt und bist aufs Klo. Auch das hab ich auf meiner Mailbox drauf ghabt. Hast du dir wenigstens hinterher die Hände gwaschen?»

«Ich wasch mir immer bloß am Abend die Händ. Des is energiesparender.»

«Dann bist numal ans Telefon kommen und hast gsacht: ‹Danke, dasd angrufn hast. Ade!›, und hast aufglegt. Edz weiß ich nicht, wos du mir so Wichtigs sagn wolltst. Was is denn los?»

«Wird scho nix Wichtigs gwesn sei.»

«Obbä du host es doch so dringend gmacht!»

«Dann hättst halt net aufglegt.»

«Du hast doch aufglegt, nicht ich!»

Mariechen ignorierte den Einwurf. Sie winkte Antonio zu uns an den Tisch, beschwerte sich über den viel zu süßen Cappuccino und bestellte sich ein Glas Lugana. Antonio verdrehte die Augen, nahm die Kaffeetasse und ging ins Restaurant, wobei er einige italienische Wörter vor sich hin brummelte, um dann ein sizilianisches Volkslied anzustimmen. Das gefiel mir an ihm, egal, wie nett oder nervig seine Gäste waren, er konnte immer singen. Dabei fiel mir ein, dass die nächste Vorstellung im Rahmen unseres Opern-Abonnements anstand.

«Ich freu mich ja scho so auf morgen Abend, da sehn mir doch die Czardasfürstin, und die hör ich gar so gern.»

Mariechen wehrte gleich ab.

«Der Tenor taugt nix, des is so a kleiner Dicker.»

«Des weißt doch du net, wer morgen Abend singt!»

«Und die Czardasfürstin is krank, da singt die Verkäuferin vom Supermarkt.»

«Des kannst du doch gor net wissen, wie morgen die Besetzung is!»

«Des wor gestern.»

«Mir hom doch erscht morgen Abend unser Abonnement!»

«Des homs doch verschoben! Des wor gestern.»

«Gestern?»

«Des wollt ich dir doch sagn, drum hob ich dich gestern angrufn!»

Ich war perplex. Meine beste Freundin weiß, dass unsere Abonnementsvorstellung vorverlegt wird, informiert mich aber nicht, sondern geht anscheinend einfach alleine zum Operettenspaß! Fast wäre ich aufgestanden und gegangen, doch in diesem Moment kam Antonio mit dem Glas Lugana für Mariechen. Mir brachte er ein Glas Prosecco auf Kosten des Hauses. Ich war so überrascht, dass ich Mariechen gar nicht mehr böse sein konnte. Nach einem kräftigen Schluck von ihrem Wein prustete sie los und lachte wie ein alter Ziegenbock.

«Edz hob ich dich gscheid veroarscht! Des wor doch bloß a Spaß, freili haben mir morgen erschd Abo, und da sehn mir dann a die Czardasfürstin.»

«Warum host denn dann bei mir angrufn?»

«Ja, warum? Ach, weißt Waltraud, mir machen edz keine Tupper-Partys mehr, sondern nur noch Bestattungspartys!»

Überrascht sah ich sie an. Auf was für eine waghalsige Idee war sie da wieder gekommen?

«Doch, des is der neuste Hit. Des Bestattungshaus Geyer bietet suwas an, do kriegst, wennst mitmachst, su a ganz kleins Plastiksärgla, wasd dann als Pillndosn verwendn kannst.»

Offenbar war sie mit dem Thema schon sehr vertraut. Sie nippte an ihrem Weißwein.

«Ich hob scho amol su a Probe-Urne kriegt. Dou konnst an Dreck neidun, dann siehst schomal, wäist drinn liegst.»

Ich legte die Speisekarte zur Seite und blickte ein wenig nachdenklich zu ihr rüber. Wir sind ja durchaus in dem Alter, wo man sich über solche Dinge Gedanken machen sollte.

«Mir hom uns dees letzte Mol drüber underhaldn, horch, wenn da jemand singt aaf deiner Beerdigung, wos dees kost.» Ich zögerte ein wenig. «Edz hob ich mir denkt, du warst doch amol mid der Pumps-Betty im Kirchnchor, du könnerst dooch aaf meiner Beerdigung singa?»

«Wos singt mern dou?»

«Ich was net, ich hob mei Beerdigung noch net gfeiert.»

Daraufhin intonierte Mariechen in den höchsten Tönen: «Ding-Dong, die Hex is tot, Ding-Dong, die Hex is tot.» Es schallte über die gesamte Terrasse, die anderen Gäste blickten bereits zu uns herüber. Ich mahnte sie, etwas ruhiger zu sein und dass sie sich doch ein etwas passenderes Lied für mich aussuchen sollte. Sie dachte angestrengt nach, um dann überhaupt nicht schmeichelhaft im tiefen Johannes-Bach-Sound zu schmettern: «Wer schön sein will, muss lei-hei-den ... ge-litten hatt-e sie niiiiiiie!»

«Ja, des is scho besser, do greint wenigstns däi Verwandtschaft, wenn du so singst.»

Ich winkte Antonio an unseren Tisch und bestellte mir ein Carpaccio vom Thunfisch und noch einen trockenen Weißwein.

«Mir bringas a Thunfischpizza», warf Mariechen ein, «obbä lassns den Thunfisch weg, den moch ich net. Tuns lieber a weng a Salami drauf.»

«Warum bstellst der denn net glei a Salamipizza?»

«Wall däi fuchzig Cent mehr kost.»

Ich wollte das Thema gar nicht weiter vertiefen und versuchte, sie abzulenken.

«Du horch amol, gäihst du nächstn Sunndooch mit nach Burgfarrnbach naus? Der neue Wohnstift hot da an Dooch der offnen Tür.»

«Dou wor ich doch scho.»

«Dou worst du scho? Dou wollt mer doch gemeinsam higäih!»

«No wärst halt mit.»

«Hättst halt wos gsacht!»

«Warum frägst denn net?»

Das war wieder mal typisch für Mariechen! Einfach alleine hingehen, nichts davon sagen und später dann behaupten, man hätte ja mal fragen können. Wo wir doch gerne so einen Tag der offenen Tür in einem Altenheim nutzen, um kostenlos an Kaffee und Kuchen ranzukommen!

127

«Und wäi isn na do draußn in Burgfarrnbach?»

«Schäi! Wergli schäi. Und namidoochs gibts an goudn Kaffee und goude Karpfen.»

«Karpfen? Zum Kaffee? Zu am Karpfen drinkt mer doch an Schoppn Frangnwein!»

«Naa, am Namidooch mooch ich nu kann Wein. Lieber an Kaffee, do konn ich schäiner eidunkn.»

«Den dunkst doch net ei. Zu am Karpfen isst mer an Kardofflsalat.»

«An Kardofflsalat?»

«Jaaa, oddä an Endiviensalat.»

«An Endiviensalat? Denn konnst doch net eidunkn.»

«Den dunkst ja a net ei. Erscht isst däi Schwanzflossn, däi Backnkiema, und dann konnst den Rest essn.»

«Ach, Gwaaf*, den nehm ich in die Händ und beiß nei, bis es Hiffnmark** kummt.»

«Do is doch ka Hiffnmarkmarmalad drinna, höchstns a Ingreisch***!»

«A Ingreisch? Ja pfuideifl, do wird däi Bäcker immä neirotzn!»

Beim Stichwort Bäcker gingen mir die Augen auf: Mariechen hatte unsere Fischspezialität aus Franken mit dem köstlichen Backwerk zur Faschingszeit verwechselt.

«Achsu, du mahnst an Krapfen!»

---

* Gwaaf: dummes Gerede.
** Hiffn: Hagebutte.
*** Ingreisch: wird allgemein für Eingeweide verwendet, besonders aber für den Rogen bzw. die Samenzellen von Fischen. Diese werden zu einem gebackenen Karpfen gegessen. Dazu paniert man sie und backt sie ebenfalls schwimmend im Fett aus.

«Na, soch ich doch.»

«Gor net wohr, vo am Karpfn zum Kaffee host gsprochn.»

«Zum Karpfen drinkt mer doch kann Kaffee, do ghört a Schoppn Frangnwein dazou.»

«Du host doch selber gsacht, dasst nern eidunkst!»

«Däi Gschmarri ... zu am Karpfen isst mer an Kardoffloddä Endiviensalat.»

«Grod hast gsacht, dass do a Hiffnmarkmarmalad drinna is!»

«Edz geh ner weidä mit deim Gfress. Do is doch ka Hiffnmarkmarmalad drinna. Haub ner ab miid deine altschlesischen Rezepte!»

«Ich wer doch wissen, wos ich ghört hob!»

«Und ich wer wissen, wos ich gsacht hob!»

«Es is ja erschreckend, wie du abbaust. Geh lieber amol zum Doktor und lass dich untersuchn. Sunst gäihts der bald wäi der Cloggs-Kunni, däi is etz scho seit drei Wochn im Koma!»

«Hoffentlich hots a schäins Wetter.»

«Däi is doch im Kranknhaus! Däi wor doch mehr in ihrm Leben im Krankenhaus als daheim. Ich weiß nu, du worst amol in Färdh im Kranknhaus, dees wor nu zu der Zeit, wos an Paternoster gebn hot ...»

«An Paternoster? Den kenn ich net, ich bin evangelisch!»

«Na, an Paternoster, su an Daueraufzug. Du kummt a Kabina, a Hulzwänd, Kabina, Hulzwänd usw. Do hob ichs bsucht ghabt, walls sich den Haxn brochn hot. Hob ichs halt rumgfohrn im Rollstuhl. Bis ich däi in den Paternoster neibracht ghabt hob. Drei Anläuf hab ich braucht. Die erschtn beide Male hob ichs gega däi Holzwänd gfohrn, bis ichs endli dringhabt hob. Dann wor ich allans da gstandn ... mitm Rollstuhl. Den hob ich einfach in die nächste Kabina neigschubn, hob grufn: ‹Cloggs-Kunni, ich mou gäih, däi Bsuchszeit is rum.› Ich hobs dann lang nimmä gsehen.»

«Apropo lang nimmä gsehen. Wos macht denn eigentli däi Cloggs-Kunni?»

«Grod im Moment hob ichs doch derzillt, die is im Krankenhaus.»

«Gor net wor, du host derzillt, dasst mitm Paternoster Karpfen essn worst.»

Wir wären uns fast in den Haaren gelegen, wenn nicht just in diesem Augenblick Antonio unser Essen gebracht hätte. Doch kaum stand die Salamipizza vor Mariechen, rümpfte sie die Nase.

«Do is ja gor ka Thunfisch drauf! Ich hob doch ausdrücklich a Thunfischpizza bstellt. Sie hören wohl net zou, wenn's die Bestellung aufnehmen?»

Antonio schnappte nach Luft, und obwohl er, typisch italienisch, normalerweise sehr schnell im Kontrageben ist, kam ihm Mariechen zuvor und bot großzügigerweise an, die Salamipizza ausnahmsweise zu nehmen, jetzt, wo sie schon mal vor ihr stünde. Und als Antonio wieder auf dem Weg zurück ins Restaurant war, rief sie ihm noch hinterher: «Des Trinkgeld konnst heut a vergessn, du sizilianisches Bürschla!»

Ganz ernst schien sie das nicht zu meinen, denn sie zwinkerte ihm noch kokett hinterher.

«Ich moch die Idaliener, die hom immer su a feuriges Temperament.»

Damit stopfte sie die halbe Pizza in ihren weit geöffneten Mund und kaute zufrieden auf diesem riesigen Brocken herum. Der Anblick erinnerte mich irgendwie an das Musical

«Der kleine Horrorladen» mit der fleischfressenden Pflanze, die von Akt zu Akt größer und dicker wird. Gut, bei Mariechen würde es nicht unbedingt so schnell gehen.

«Du, Mariechen, mir könnerdn doch a amol in a Musical fahrn. Des Phantom der Oper war doch gor su schäi.»

«Ja, Musik is scho schäi, däi schreibt der Andrew Lloyd Webber.»

«Der Wepper is doch a Fernsehkommissar!»

«Naa, ich mahn doch den Andrew Lloyd.»

«Lloyd is a Kreuzfahrtgsellschaft.»

«Der Hapag Lloyd is der klaane Bruder vom Andrew Lloyd Webber. Und du mahnst den Fernsehkommissar Webber vom Derrick.»

«Den Derrick homs doch scho lang abgsetzt, wall der Harry den Wagn nimmä gfundn hot.»

«Obbä däi hom etz scho an dynamischn Nachfolger fürn Tappert.»

«Wen denn?»

«Den Johannes Heesters!»

«Den Heesters. Ach, den hob ich immä gmöcht, der hat sogar amol in der Oper Nämberch gsunga, obbä des is arch lang her.»

«Wennsd mahnst, dann geh mer halt amol widdä ins Staatstheater nach Nämberch nauf. Du bsorgst die Karddn, und ich geh mid!»

«Ich soll widdä zahln, obwohl du doch den Nebenjob hast. Läfft des eigentli goud, des Gschäft?»

Mariechen stopfte die andere Hälfte ihrer in der Zwischenzeit kalt gewordenen Salamipizza gierig in den Mund, während sie irgendetwas von «geht scho» murmelte. So ganz verstanden hatte ich es nicht, war ich doch mehr damit beschäftigt, die Bröckchen, die sie beim Reden fortwährend ausgespuckt hatte, von meinem Kleid zu entfernen. Mein eigenes Essen hatte ich nicht angerührt, irgendwie war mir der Appetit abhandengekommen, während ich Mariechen gegenübersaß. Sie würgte die letzten Pizzareste hinunter, wischte sich mit der Serviette den fettigen Mund ab und meinte stolz: «Wunderbar geht mei klaans Nebngschäft! Ich hob sugor scho Stammkundn.»

Auf einmal bekam sie nervöse Zuckungen, unruhig rutschte sie auf ihrem Platz hin und her, es schüttelte sie regelrecht durch. Ich befürchtete schon einen leichten Herzanfall, allerdings passte Mariechens verzückter Gesichtsausdruck überhaupt nicht dazu. Sie warf ihre Serviette auf den Tisch und langte unter ihren Rock, ohne aber mit den Zuckungen aufzuhören. Endlich schien sie gefunden zu haben, wonach sie gesucht hatte, und zog ihr Handy hervor. Ich staunte nicht schlecht.

«Warum host du des Handy net in deiner Handdaschn?»

«In der Handdaschn? Do wirds doch bloß klaut, drum steck ich mei Handy lieber in die Strumpfhosn. Des is schäi, wall wenns schellt, schellts net, sondern vibriert, und dann kribblts zwischn meine Baa!»

Ich schüttelte den Kopf. So viel Mut hätte ich nicht, in aller Öffentlichkeit in meine Strumpfhose zu greifen, um das Handy hervorzuholen. Mit einem Schwups hielt mir Mariechen das Gerät ans Ohr und zischte: «Du, edz brobiern mirs amol zu zweit, vielleicht mögns dees mehr?»

Mir war zwar nicht ganz wohl dabei, schließlich hatte ich in dem neuen Job von Mariechen überhaupt keine Ahnung, aber wer weiß, dachte ich mir, vielleicht habe ich Talent dazu

Ganz modern: Zucker-App für den Kaffee.

und könnte mir in Zukunft auch ein bisschen Geld nebenher verdienen. Ich holte tief Luft und begann, mit erotisch säuselnder Stimme in den Hörer zu flöten: «Hallo, hier sind die Sexy-Hexy-Schenkel-Girls, ahaaaaaa …»

Mariechen riss mir das Handy wieder aus der Hand und übernahm den Anruf selber.

«Hier is die Ledermarie», stöhnte sie lustvoll, «ahaaaaaa … ooooohhh … mmmhhhhh.»

Mittendrin unterbrach sie ihre Nummer, drückte den Anrufer weg und warf das Handy erschrocken auf den Nachbartisch.

«Warum legst denn edz aaf, der wor doch nu gor net fertich?»

Mariechen starrte mit weitaufgerissenen Augen in die Ferne.

«Um Gottes willen!», sagte sie mit einem leichten Zittern in der Stimme. «Dees wor grad mei Pfarrer, der fragen wolld, ob ich am Diensdooch zum Handarbeitskreis kum!»

Eine kurze Schreckenspause verging, dann steckte Mariechen ihr Handy wieder in die Strumpfhose, und ich meinte, nach dieser Peinlichkeit brauche sie gar nicht mehr bei den Pfarrgemeinderatswahlen antreten.

«Hör mir auf mit Wahlen», entgegnete sie, «die regn mich sowieso auf. Ich weiß immä net, wen ich wählen soll. Die machen doch eh immer, was wolln.»

«So stimmt des auch net ganz. Schau, Bolitiker sind halt wäi Taubn, erschd fressns dir aus der Hand, und wenns amol drobn sind, scheißns dir aufn Kopf, hot mei Vadder immä gsacht. Obbä wennst net wählst, kumma nur die an die Macht, die mer ums Verreckn net brauchen.»

Um ihr die Entscheidung künftig etwas leichter zu machen, bot ich ihr an, zusammen Wahlveranstaltungen zu besuchen. Das wehrte sie aber gleich vehement ab.

«Naa, sehn will ich die net. Es reicht mer scho, wennst überall die Plakate mit denen ihre Konterfeis drauf siehst. Und wos do für Gsichter dabei sind, da grausts mich manchmol sogar. Für manche wärs besser, sie tätn sich gor net fotografiern lassen, dann hättns vielleicht mehr Chancen, gwählt zu wern.»

Irgendwie hatte sie schon recht. Wenn man zu Wahlkampfzeiten durch die Stadt geht, lauern an jeder Ecke irgendwelche politischen Parteien und drängen sich einem auf. Und ihre

Aussagen sind mittlerweile austauschbar. Der eine Kandidat wünscht einem einen schönen Sommer – da denkt man sich doch, ist der jetzt unter die Wetterfrösche gegangen? Und mir persönlich braucht kein Politiker einen schönen Sommer wünschen, mir geht's auch bei Regen gut. Andere wiederum lassen sich mit Frau, Kind und Kegel ablichten, dass man meinen könnte, sie werben fürs Müttergenesungswerk.

«Außerdem», jammerte Mariechen weiter, «is des immer su anstrengend, wemmer zum Wähln geht. Do mou ich immer in mei alte Schul, wo ich früher su arch gelitten hob, und da will ich net nei müssen, um mei Kreuzla zu machen.»

Zugegeben, einfach wird es einem nicht gemacht, wenn man sein Kreuzchen setzen will: Man steht in einem engen Bretterverhau, muss krampfhaft versuchen, den großen Wahlzettel auseinanderzufalten, und wenn man liest, wer sich alles hat aufstellen lassen, vergeht es einem schon ein bisschen. Ich habe mir ja immer vorgenommen, nur Politiker zu wählen, die ihren gesunden Menschenverstand einsetzen. Aber die hab ich nie auf den Wahlzetteln gefunden. Trotzdem versuchte ich weiter, Mariechen davon zu überzeugen, ihr Wahlrecht zu nutzen.

«Machs wie ich – mach Briefwahl! Ich hock mich dann mit meim Wahlzettel immer aufs Klo und mach mei Kreuz!»

Sie blickte mich scharf an.

«Na ja, was rauskumma is, konn ich mir scho vurstelln! Da wähl ich lieber im Restaurant aus der Speiskarddn. Da weiß ich, was ich krieg! Da weiß ich, wies schmeckt! Und vor allem weiß ich, was mich des Ganze am Schluss kostn wird!»

Flecken über Flecken

Zusammen mit Ruschel und Marlene machten wir an einem herrlichen Frühlingstag einen Ausflug nach Bayreuth. Wir nutzten den angenehmen Reisekomfort, den die hiesige Verkehrsgesellschaft bot, und fuhren zum ersten Mal mit einer Privatbahn. Marlene hatte in ihrem Weidenkorb Reiseproviant für mehrere Tage dabei, als ob wir in Bayreuth nichts zu essen bekämen. Mariechen und ich nahmen nur einen Schluck von dem koffeinfreien Kaffee, den sie uns anbot, während Ruschel nach einem Wurstbrötchen griff und beherzt hineinbiss. Leider wusste sie nicht, dass Marlene die Angewohnheit hat, ihre Vesperbrötchen grundsätzlich dick mit Mayonnaise zu beschmieren, die jetzt seitlich herausquoll und einen dicken, weißen, langen Flecken auf Ruschels Bluse hinterließ.

«Allmächd, ich schau aus wie a Sau!» Mit einem Taschentuch versuchte sie, das Malheur zu entfernen.

«Und kleckert hast auch», sagte Mariechen seelenruhig und nahm einen Schluck von ihrem Kaffee.

Erbost blickte Ruschel zu ihr rüber, ich befürchtete schon ein kleines Handgemenge, aber letztlich machte der Fleck Ruschel mehr zu schaffen als Mariechens schnippische Bemerkung. Sie rubbelte und wischte wie verrückt auf der Bluse herum, was die Sache aber nur noch schlimmer machte.

«So schlimm is des a net», log ich, «den Fleck sieht mer doch kaum.»

Ruschel griff nach ihrer Tasche und zog eine frische Bluse hervor. Alle drei blickten wir sie überrascht an.

«Ich bin halt auf alles vorbereitet», meinte sie überlegen und knöpfte ihre verschmutzte Bluse auf.

Als sie nur noch im BH dastand, öffnete plötzlich der Zugbegleiter mit einem Ruck die Tür. Ruschel schrie laut auf.

«Keine Angst, so tief schau ich nicht», sagte er ungeniert. «Ich wollte Ihnen nur sagen, dass ich in einer halben Stunde mit der Fahrkartenkontrolle beginne, Sie können also schon mal nach Ihren Tickets suchen.»

Sofort fing Ruschel an, ihre Handtasche zu durchwühlen.

«Mogst net lieber erschd dei Blusn anziehn, du host blouß nu a halbe Stund Zeit», sagte Mariechen. «Net dassd nacher, wenn der Schaffner wieder kummt, immer nu im BH dastehst. Am Schluss glaubt der noch, du willst wos vo ihm.»

Völlig aufgelöst schlüpfte Ruschel in die Ersatzbluse, stopfte die andere in ihre Handtasche und griff nervös nach einer Kaffeetasse. Züge sind bekanntlicherweise nicht die ruhigsten Fahrzeuge, und so passierte es, dass sich der Zug bei einer etwas schärferen Linkskurve so neigte, dass der Kaffee aus Ruschels Tasse schön langsam, aber stetig die frische Bluse beträpfelte. Jetzt konnten wir uns das Lachen nicht mehr verbeißen, ein ohrenbetäubendes Gegacker und Gekreische begann in unserem Abteil. Ruschels Miene verfinsterte sich, sie sprang von ihrem Sitz auf und stürmte hinaus zur Toilette. Als sie nach sieben Minuten wiederkam, prusteten wir noch immer. Breitbeinig stand sie vor uns und präsentierte uns eine wirklich saubere, einwandfreie Bluse.

«Hom die im Zug a Boutique, oder was?», fragte Mariechen. «Wie host denn däi edz su schnell sauberkriegt?»

Ruschel setzte sich und schlug mondän ihre Beine übereinander.

«Ich bin net su bläid, wie ihr meint. Ich hab einfach mei Bluse umdreht, und edz sieht keiner mehr den Fleck!»

Jetzt waren wir sprachlos, während der Zug laut über die Gleise rumpelte. Nach etwa zehn Minuten kam der mobile Brezenverkäufer und bot nicht nur Brezen und kalte Getränke an, sondern auch Softeis. Sofort war Ruschel dabei, sie ließ sich auch von Marlene nicht davon abhalten, ein Vanille-Schoko-Softeis zu kaufen.

«Do kann ich nie nein sogn», frohlockte sie.

Mit der linken Hand griff sie nach dem Eis und mit der rechten nach ihrer Handtasche. Dummerweise hatte sich deren Bügel in der Armlehne verhakt, sodass Ruschels Vorwärtsbewegung abrupt gebremst wurde und sich das Eis aus der Waffel löste und auf ihrer Bluse verteilte. Überall befanden sich nun Sprenkel, Punkte und Schlieren von Eis darauf, fast sah es aus wie ein Kandinskygemälde. Ich unterdrückte ein Lachen, Mariechen aber grinste breit.

«So, was machst denn edz? Numol die Blusn umdrehn, geht ja net, und dein Schlüpfer konnst a net so hoch naufziehn!»

Ruschel positionierte sich ganz stolz in ihrem Sitz und reckte das Kinn nach oben.

«Mich stört des überhaupt net», sagte sie würdevoll. «Da können die Leut halt amol an mir sehn, was mir in Fürth für tolle Modedesigner haben!»

In Bayreuth angekommen, schlenderten wir vom Bahnhof am Alten Schloss vorbei hinein in die Fußgängerzone, durch die sich bereits Massen von Menschen und Menschen mit viel Masse drängten.

«Edz gehn mir mol in su a Erlebniskaufhaus», schlug Mariechen vor, «sowos hom mir in Färdh ja gor net.» Und schon schob sie mich Richtung eines Warenhauses, was angesichts der vielen Leute gar nicht so einfach war. Marlene und Ruschel stöhnten, sie wollten nicht schon wieder stundenlang in einem Kaufhaus herumlaufen müssen. «Dann hockst dich in a Café und lässt däi Designerblusn vo die anderen Leut betrachten», giftete Mariechen und zerrte mich weiter, noch bevor wir mit den beiden einen Treffpunkt hätten vereinbaren können.

Als wir unser Ziel fast erreicht hatten, sah ich einen Herrn, fesch mit Lodenmantel bekleidet, auf die Eingangstüre zurennen. In seiner Hektik bemerkte er überhaupt nicht, dass er in die große Hinterlassenschaft eines Hundes getreten war.

«Allmächdnaa», sagte ich zu Mariechen, «wie kann man su bläid sei und net merkn, auf wos mer eben rumtrampelt is.»

«Wasst, in Bayreuth sind däi Leit recht vurnehm, wecher die Richard-Wagner-Festspiele, däi schaua gor net nach untn. Immä blouß mit der Nosn nach obn», klärte sie mich auf.

Inzwischen hatten auch wir das Kaufhaus betreten, und Mariechen zog mich von der Rolltreppe weg, um mich zum Aufzug zu schubsen.

«Rolltreppn is bläid, däi gäiht immä su schnell, do steh ich immä breitbeinig auf drei Treppn.»

Der Aufzug hatte gerade einmal die erste Etage erreicht, da wurde uns klar, dass wir einen Fehler gemacht hatten: Der Lodenmantelträger stieg zu. Kaum hatten sich die Türen ge-

Abschreckender gehts nimmer.

schlossen, füllte sich die kleine Kabine mit einem fürchterlichen Geruch, als hätten sämtliche EU-Bauern ihren Mist abgeladen.

«Wer hat denn hier einen fahren lassen?», plärrte der Lodenmantelträger in hochdeutschem Dialekt los und sah mich dabei schief an. Mariechen machte die Situation nicht besser.

«Du Sau!», rief sie und stupste mich an.

Überrumpelt von so viel Frechheit lief ich krebsrot an, stotterte irgendetwas, was eine Entschuldigung hätte sein können, packte Mariechen am Jäckchen und verließ sofort in der nächsten Etage mit ihr den Aufzug.

«Also, dass du dich net beherrschn konnst», meckerte sie weiter, «einfach im Aufzug so an Stinker abzusetzen, und des mittn in Bayreuth.»

Empört blieb ich stehen.

«Dass du mir suwos zutraust. Ich hob wergli net … also, du wasst scho, was ich mein!»

Mariechen schüttelte den Kopf.

«Ja, ja, erst stinkn, und hinterher wollmers net gwesn sei! Typisch Waltraud.»

Mit diesen Worten ließ sie mich einfach stehen und stürzte zum nächstbesten Kleiderständer, wo sie in merkwürdig kurzen Sommerkleidern wühlte. Bevor ich bei ihr sein konnte, eilte schon eine buntangemalte, sehr dürre Verkäuferin herbei, an der mir außerdem die erschreckend langen Fingernägel mit Jasminblütenapplikationen auffielen. Sie musterte Mariechen von oben bis unten.

«Das tut mir aber leid für Sie», säuselte sie schließlich, «in Ihrer Größe haben wir auf der gesamten Etage nichts Passendes», und rauschte wieder ab.

«Des is a Spezialistin, die sieht glei, dass du Übergrößen brauchst.» Ein Lachen konnte ich mir noch verkneifen, nicht aber diese Bemerkung.

Mariechen drehte sich zu mir um und kniff die Augen zusammen.

«Lieber a bisserla dick als a Stinkerin!» Mit diesen Worten trabte sie zur Rolltreppe.

«Edz willst wohl aaf amol Rolltreppn fohrn, oddä wos?», rief ich ihr hinterher, während ich versuchte, sie einzuholen.

«Ja, sicherheitshalber, do is mehr Luftraum drumrum, wennsd du nebn mir stehst. Und dan roll mer nunder in Keller zur Feinkostabteilung, dann stellst dich zur Käsetheke, dann fällst net su auf!»

Schweigend fuhren wir die drei Etagen hinab. Unten angekommen, staunten wir, welche Spezialitäten dieses Haus führte. Da gab es einfach rundum alles aus aller Welt, darunter Dinge, die wir woanders noch nie gesehen hatten – zu Preisen, die uns höchstens mal während der Inflation auf den Etiketten begegnet waren. Da man nur vom Schauen nicht satt wird, entschieden wir uns für eine Seniorenportion Münchner Weißwurst in der Dose.

«Do homs wohrscheinli die halbe Wourschd wechbissn», meinte Mariechen, «und edz verkaafnes für Senioren.» Tatsächlich war die Dose nicht viel größer als eine Kondensmilchbüchse.

«An Senft brauch mer a nu dazu», rief Mariechen und zog mich zur Senfabteilung. Es gibt dort wirklich eine eigene Abteilung für Senf! Zielstrebig steuerte Mariechen auf das Regal «Süß» zu und schnappte sich eine Dose, die so groß war, dass sie sie mit beiden Händen halten musste.

«Wos willst denn mit su anner großen Büchsn?», wunderte ich mich, «da essn ja nu unsere Urenkel davo!»

«In Bayreuth gibds blouß solche Abpackungen, do konnst nix machen. Hob, aaf zur Kassa!»

Brav reihten wir uns in die lange Schlange vor der Kasse ein. Im nächsten Moment erschnupperten wir einen wohlbekannten Duft: Direkt vor uns stand der Lodenmantelträger. Bevor er noch etwas sagen konnte, schrie ich durch den ganzen Laden: «Pfui Deifl, welche Sau stinkt denn do su?», und rammte ihm meinen Einkaufswagen ins Kreuz. Das Gesicht des Mannes wurde rot wie vollreife Erdbeeren, er stotterte etwas Unver-

Backe, backe Kuchen, die Witwen ham gerufen ...

ständliches, ließ seinen Wagen stehen und suchte das Weite.
Ich hatte nicht nur meine redliche Genugtuung, sondern war
auch gleich vorne dran an der Kasse.

«Siehst, Mariechen», sprach ich mit Stolz in der Stimme,
«edz weißt auch, dass a Stinker was Gutes haben kann!»

Klassentreffen

Für unser wöchentliches Kaffeekränzchen hatten wir uns das «Café Villa» ausgesucht, das in einer wunderbaren herrschaftlichen Villa untergebracht ist. Ich war etwas zu früh dran oder Mariechen etwas zu spät, jedenfalls saß ich eine Weile allein und vertrieb mir die Zeit mit einer Frauenzeitschrift. Am Nachbartisch jammerte eine weißhaarige Dame in einem viel zu kurzen Kleid ihrer beleibten Begleiterin in einer Tour etwas vor.

«Ach, mein Mann ist ja so deprimiert. Mein Mann is sooo deprimiert!»

Unaufhörlich ging das so, über Minuten. Irgendwann konnte ich nicht mehr an mich halten.

«Edz jammerns net rum. Mei Mo war auch a Depp, aber prämiert hams ihn noch nie!»

Endlich herrschte Ruhe, und ich konnte mich auf meine Illustrierte konzentrieren. Die schien schon etwas länger in dem Café zu liegen, las ich doch, dass Patrick Lindner ein Kind adoptiert habe. Das musste Jahre her sein, der Bengel stand bestimmt schon vor dem Abitur. Welch ein Schreck würde es für das Kind sein, wenn es eines Tages die Wahrheit über seinen Vater erfuhr – dass der sein Geld mit Volksmusik verdient!

Da flog die Tür auf, und Mariechen stürzte herein.

«Waltraud, Waltraud, wo bist denn du?», rief sie sinnloserweise, denn das Café war nicht groß, und die sechs Tische überblickte man auf Anhieb. Jetzt hatte sie mich entdeckt und warf sich auf den Stuhl mir gegenüber.

«Weißt du, was ich eben ghört hab? Die wolln edz eine Seniorenolympiade einführn!»

Sie bestellte sich ein Kännchen Kaffee. Eine Olympiade für Senioren – warum nicht, dachte ich. Neben der eigentlichen Olympiade gibt es ja bereits die Eurogames, wo die Westerwelles, Wowereits und Co. sich miteinander messen dürfen, und die Paralympics, wo sich gehandicapte Menschen im sportlichen Wettkampf betätigen und manchmal besser sind als so ein gedopter Sportler. Warum sollten also wir alten Leute nicht zeigen, dass man mit künstlichem Hüftgelenk und Arthrose auch noch fit auf dem Sportplatz sein kann? Mariechen schlürfte ihren Kaffee.

«Seniorenolympics! Die machns dann bestimmt in Bad Wiessee. Ich sehs direkt vur mir: Auf der Seepromenade is des Gehwagen-Wettrennen, in der Wandelhalle machns Schnabeltassensynchronwerfen und im Kurpark den Gebissweitspuck!»

Bevor wir das Thema weiter diskutieren konnten, zog sie aus ihrer Geldbörse plötzlich einen Zehn-Euro-Schein hervor und drückte ihn mir in die Hand.

«Du hast mir doch letzte Wochn an Zwanzger gliehn!»

Verdutzt blickte ich auf den Schein und wartete auf die andere Hälfte der geliehenen Summe, aber Mariechen ignorierte das vollkommen.

«Ich bin scho gspannt, wer alles zum Klassntreffn kommen wird!»

Die zarteste Versuchung, seit es Witwen gibt.

Ich verstaute das Geld in meiner Handtasche. Eine unserer ehemaligen Mitschülerinnen würde garantiert nicht kommen.

«Hast scho ghört? Der Asbach-Anni ihre Beerdigung habns verschobn. Die is edz erschd nächste Woche!»

Mariechen rührte in ihrer Kaffeetasse und strahlte übers ganze Gesicht.

«Ach, wergli? Geht's ihr wohl wieder besser?» Sie biss herzhaft in ihre Quarktasche. «Die Grappa-Gerda kummt bestimmt net, wenn die Rotwein-Roswitha dabei is», glaubte ich aus ihrem vollen Mund zu verstehen.

«Von den Lehrern lassen sich a jedes Jahr weniger sehn», beschwerte ich mich.

Sie nickte zustimmend. Dann schwiegen wir uns eine Weile an.

«Letztes Jahr warn mir auch blouß zu zweit am Klassntreffen», sagte Mariechen schließlich. «Hast du den andern überhaupt Bescheid gsagt?»

«Natürli, ich hab allen Bescheid gebn, die letztes Jahr auch da waren, dass heuer wieder Klassentreffen is.»

Mariechen stellte erbost ihre Kaffeetasse auf den Unterteller zurück.

«Die n i c h t da waren, denen hättst Bescheid sogn solln!»

«Wenn jemand nicht da is, kann ichs ihm ja auch nicht sagen. Obbä du warst da – dir hab ichs gsagt. Und du bist da! Ich war da – mir hab ichs auch gsagt. Ich bin da! Also Auftrag erfüllt!»

Beleidigt verschränkte Mariechen ihre Arme und lehnte sich zurück.

«Achgodderla, nun sind wir widdä blouß zu zweit, da hättn mir uns gar net treffn müssen. Mir sitzen scho jeden Diensdooch, Donnersdooch und Samsdooch zum Kaffeekränzla zam, da müssn mir uns doch net auch noch am Freidooch zum Klassentreffen einfindn! Ich hab mich so gfreut auf die andern!»

«Du warst doch mit allen aus unsrer Klasse zerstrittn, dich wollt doch keine mehr sehn!»

Das stritt sie vehement ab und bewies auf diese Weise, dass sie wirklich mit allen in Streit gerät außer mir. Ich hatte es mir abgewöhnt, mich darüber aufzuregen; zu lange kannte ich sie schon, als dass ich ihr deswegen böse hätte sein können.

«Aber die Baracken-Berta hab ich gmocht, die war in der Schul neben mir gsessn, und mit der hab ich nie gstrittn. Und die hättst wenigstens einladn können!»

Ich ließ meine Kuchengabel sinken.

«Ja, weißt du des denn gar net?», erwiderte ich mit gesenkter Stimme. «Die Baracken-Berta ihr Beerdigung hams verschoben, die is edz erst nächste Wochn. Die liegt doch seit zwei Wochen im Koma!»

Mariechen wischte sich die Quarktaschenbrösel aus dem Mundwinkel und schnaufte kurz durch.

«Ach, geht's ihr widdä besser? Na, hoffentlich hats a schöns Wetter!»

Sie begriff mal wieder nichts. Ich hoffte nur, dass uns so ein Schicksal oder eine andere schwere Krankheit erspart blieb, denn wenn man heutzutage krank ist, kann es teuer werden.

«Dafür brauchst a gute Kranknversicherung, obbä däi kost so vill», jammerte Mariechen.

Da hatte sie auch wieder recht, so üppig war unsere Rente nicht. Um höhere Beiträge bezahlen zu können, müssten wir einen Nebenjob annehmen, dachte ich laut nach.

«Spinnst du», unterbrach mich Mariechen. «Was solln denn mir in unserm Alter noch für an Job machen?»

«Als Kellnerin im Café könntest du arbeiten», schlug ich vor, «da kennst du dich aus, weißt Bescheid über alle Torten und deren Kalorien- und Cholesterinwerte, weite Wege hast auch nicht und bist immer unter Leut!»

Mariechen dachte nach. An ihrem Gesicht konnte ich ablesen, dass ihr diese Idee gar nicht so schlecht gefiel.

«Zahlkellnerin, das wärs für mich!», rief sie aus.

Ich zweifelte, ob sie dafür wirklich schnell genug rechnen konnte.

«Nadürlich kann ich des! Des übn mir edz glei amol. Ich bin die Kellnerin und du der Gast.»

Senioren-Table-Dance

Ich willigte ein, wollte ich ihr doch beweisen, dass sie ihre Fähigkeiten überschätzte.

«Bittschön, was haben Sie denn gehabt?», säuselte sie im Kellnerinnenton.

«Eine Cola.»

Mariechen blickte mich irritiert an.

«Du trinkst doch nie a Cola!»

Etwas ungehalten erklärte ich ihr, dass dies doch nur ein Beispiel sei.

«Also noch amol», setzte sie von neuem an, «was hams denn ghabt?»

Nun wollte ich die moderne Frau von heute spielen.

149

«Einen Latte Macchiato und zwei Croissants.»

Verständnislos blickte sie mich an.

«Könnens des bitte auch auf Deutsch sagen?»

Ich hätte wissen müssen, dass Mariechen mit der aktuellen Kaffeekultur nichts anfangen kann.

«A Tassn Kaffee mit Schlagsahne und ein Butterhörnchen!»

Wie aus der Pistole geschossen verlangte sie 9,80 Euro. Ich wies sie darauf hin, dass dies kein guter Preis sei: Sie würde nur zwanzig Cent Trinkgeld bekommen, weil ich immer nur zehn Euro bezahle. Also startete sie einen neuen Versuch, allerdings wurde der Ton schon etwas unfreundlicher.

«Wos homs denn ghabt?»

Diesmal entschied ich mich für ein Kännchen Tee und eine Streuselschnitte. Ohne lange zu überlegen, wollte sie 87 Cent von mir haben. Ich bereute schon, dass ich sie auf die Idee mit der Übungsstunde gebracht hatte.

«Des is doch edz viel zu wenig, was du kassiern willst!»

«Du gibst mir doch eh zehn Euro!»

Einen letzten Versuch wollte ich noch wagen und bestellte den Seniorenklassiker: ein Kännchen Kaffee und ein Stück Schwarzwälder Kirschtorte. Zu meiner Überraschung verlangte sie dafür korrekterweise 8,25 Euro. Ich nahm den Zehn-Euro-Schein, den sie mir vorher gegeben hatte, aus der Tasche, drückte ihn ihr in die Hand und meinte großzügig: «Stimmt so.»

Sie freute sich richtig über den hellroten Schein, hielt ihn sogar an ihr geblümtes Keid.

«Der passt auch farblich zu mir!»

Dann ließ sie das Geld in ihrer Handtasche verschwinden. Erst lachte ich über die gelungene Übungsstunde, aber irgendwann wollte ich meinen Zehner wiederhaben. Sie kramte in ihrer Tasche und drückte mir die zehn Euro in die Hand.

«Du hast mir doch letzte Woche zwanzig Euro gliehn, einen Zehner hab ich dir vorhin beim Reinkommen gebn, und da is edz die andere Hälft!»

Mariechens Männer

Gefühlte fünf Stunden hatten wir nun auf dem Friedhof verbracht, ich brauchte erst mal eine Pause. Wir setzten uns auf eine Bank nahe der Aussegnungshalle.

«Mit dir geh ich nimmer aufn Friedhof», sagte ich japsend. «Des is ja schlimmer wie am Volkswanderdooch.»

Ich wunderte mich ohnehin, warum Mariechens vier Männer nicht zusammenlagen, sondern über den ganzen Fürther Friedhof verteilt. Noch mehr erstaunt war ich darüber, dass es alles Doppelgräber waren.

«Des is doch ganz einfach», klärte sie mich auf, «damit ich mich amol später, wenns suweit is, entscheidn konn, neber wem ich lieg.»

«Aber glaub fei net, dass mer dich dann jedes Jahr zu am andern legn.»

Diese Idee schien ihr zu gefallen.

«Ach ja, des wär schee, obbä bis dahin is ja nu lang Zeit, ich feier in dem Jahr erschdamol mein achtzigsten Gebursdsdooch.»

Und schon waren wir in einer heftigen Diskussion verstrickt, wo sie denn dieses Jubelfest feiern könne. Ich schlug ihr mehrere Lokalitäten vor, die sie aber alle ablehnte. Die «Kupferpfanne» sei zu teuer für so viele Gäste, im «Stadtwappen» wäre man nicht so unter sich, weil da auch noch andere Gäste sind. In Cadolzburg im «Gasthaus Weinländer» kenne sie schon alle Witze, die die Wirtin immer erzählt. In «Heinrichs Grill» gebe es nur Steak, und das könne die Hälfte ihrer Gäste nicht mehr so richtig beißen. In der «Kaffeebohne» seien ihr die Leute zu jung, im «Rentamt» könnten nicht alle nebeneinander sitzen, und im «Pinzimonio» wäre es ihr zu italienisch. Ich verzweifelte bald, hatte ich doch schon fast jeden gastronomischen Betrieb Fürths aufgezählt.

«Weißt was, dann feier ich einfach bei mir daheim in der Wohnung», sagte sie schließlich.

«Du hast doch kein Platz in deiner kleinen Vier-Zimmer-Wohnung!»

«Fünf Zimmer! Ich hob mei Esszimmer wieder gfunden!»

Ungläubig fragte ich nach, wie das möglich sei.

«Ich hob mir doch mitm Gerhard 1968 däi Schrankwand kauft, und wie die gliefert wurde, hots nirgends hinpasst. Nur an der Wand, wo die Tür zum Esszimmer wor. Na, hammer gsacht, scheiß auf des Esszimmer, und haben die Schrankwand dort hingstellt. Und edz kurz nach der Winter-Olympiade is mir die Schrankwand zammkracht, einfach so. Was is mir anders übrig bliebn, ich hab den Hanusek kommen lassen, und der hat die Schrankwand entsorgt. Und hinter der Wand war die Tür zum Esszimmer! Allmächd, des wor ja wie im Museum, a Trocknobst hob ich damals nu gmacht ghabt, des war noch am Esszimmertisch glegn.»

Ich rechnete im Kopf nach.

«Moment, des kann doch gar net sein. Du hast doch scho 1968 den Kleingartn am Scherbsgraben aufgebn.»

**Ab und zu auf
dem Friedhof,
damit wir a bissl
unter die Leut
kommen.**

«Den hat doch der Gerhard mit in die Ehe bracht. Du weißt doch noch, damals, wie die Schrankwand kommen ist, ist doch der Gerhard als verschwundn gmeldet worn ...»

Sie stockte, ihre Augen weiteten sich.

«Allmächtnaa! Dann war des gar ka Trockenobst! Ich hab mich scho gwundert, wer dem Kürbis die Brilln aufgsetzt hat!»

Ich wollte nicht glauben, was Mariechen mir da eben erzählte, aber schon plapperte sie weiter.

«Meine Nachbarn sind ja damals auszogn, weils bei mir im-

154

mer su gebumbert hat. Ich hab dene zwar gsacht, des is wahrscheinli a Iltis im Mauerwerk.»

Ich fragte sie, wie sie denn gerade auf einen Iltis käme.

«Weils über ein Jahr so arch gstunkn hat!»

Mir begannen ihre Männer langsam leid zu tun.

«Mein ersten, den hab ich 1943 kennenglernt, den Walter. Ach, des wor so a kleiner Dicker, ganz a Goldiger. Kaum, dass mir gheirat ham, hat er scho nach Russland gmusst.» Sie schniefte ein wenig. «Von da is er nimmer zurückkommen.» Sie machte eine kleine Pause. «1951 is der nach Russland.»

Der hat den Absprung noch rechtzeitig geschafft, dachte ich, so viel Glück hatten die anderen nicht. Mariechen schnäuzte sich lang und kräftig. Mit einem leichten Lächeln erinnerte sie sich dann an Ehemann Nr. 2.

«Den Herbert hab ich 1952 kennengelernt. Großgwachsn war der, und große Händ hat er ghabt. Ich seh ihn noch wie heut, wie ich den Rückwärtsgang in unserm Oppel Kadett reinhab ...»

Ich blickte sie schräg von der Seite an – offenbar wusste sie bis heute nicht, was sie da angestellt hatte.

«1963 hab ich dann den Trockenobst-Gerhard zum ersten Mal troffen, und 1982 dann den Hellmut. Der war Handballer, im Tor war er gstandn. Tja, und dann hat er einmal net gfangen, und scho war er tot.»

«Nur weil man einen Ball nicht fängt, stirbt man doch nicht», wandte ich ein. Mariechen glotzte irritiert.

«Doch net den Ball. Den Föhn im Badezimmer!»

Sie schnappte sich ihre Gießkanne, stand auf und wackelte Richtung Ausgang.

«Ich war ja nur einmal verheiratet», sagte ich, während ich

neben ihr herlief. «Mit dem Frederik, a ganz a Netter, obbä hörn wollt er nie! Ich hob immer gsagt, geh net naus aufm Balkon, aber er hat net ghört, und dann is er doch mal aufn Balkon, und des wors dann!»

Wir durchschritten das Haupttor.

«Mir hom ja gar kan Balkon net ghabt», fuhr ich fort, «da hat des Geld nimmer greicht. Die Tür war scho eigesetzt, obbä danach is halt nix mehr kumma. Mir haben ja im fünften Stock gwohnt.»

Jetzt erinnerte sich auch Mariechen wieder.

«Stimmt, mei Schwester, die Nicole, hat zwei Stock drunter gwohnt, die hot ihn nu gsehen am Fenster, die hot ihm sogar nu den Müll mitgebn!»

Spaziergang

Wir liefen durch den Fürther Stadtpark, der bereits älter ist als wir, und erfreuten uns an dem herrlichen Blumenschmuck. Ausgiebig betrachteten wir all die Blüten, Pflanzen und Knospen. «Ach, des hab ich ja alles schomal gsehn in meim Leben», seufzte Mariechen, «des hab ich alles scho auf meine Weltreisen gesehn», und pflückte sich dabei ein Gänseblümchen.

Weltreisen? Ich konnte mich beim besten Willen nicht erinnern, wann Mariechen jemals die Welt bereist hätte. Und ich kannte sie nun schon viele Jahrzehnte.

«Du warst noch nie auf Weltreise, du bist doch aus dem Fürth kaum rauskommen! Nur einmal bist mit mir nach Berlin gflogen», schimpfte ich, während wir durch den Rosengarten bummelten.

«Ja, an den Flug nach Berlin erinner ich mich noch, da war der Pilot betrunkn. Beim Rückflug is der vorwärts gflogn.»

Ich sah Mariechen ernst an, doch sie ging unerschrocken weiter und guckte sich eine Blüte nach der anderen an. Vermutlich hatte sie das Thema schon wieder vergessen.

«Ich flieg ja gerne», begann ich von neuem, «im Flugzeug sind auf der Rückseite der Sitzplätze immer so schöne Papiertütn, die sind innen beschichtet, und die nehm ich immer mit heim, da kann man ideal sei Vesperbrot reintun.»

Mariechen kramte in ihrer Handtasche.

«Stimmt, die Tütn kenn ich, beim Flug nach Berlin war bei mir a Geschnetzeltes drin.»

Sie zog ein Taschentuch hervor und schnäuzte sich so laut, dass die Enten im Teich aufgeschreckt davonflogen. Ein leichter Ekel überkam mich, aber sie machte es noch schlimmer.

«Oddä wars a sauers Lüngerl? Ich weiß nimmer, ich hobs ja net gessn, sondern mit heimgnommen und eingfrorn.»

Ich schüttelte mich heftig.

«Pfui, Mariechen, bei dir ess ich nix mehr!» Plötzlich erinnerte ich mich an das letzte Kaffeekränzchen bei ihr im Wohnzimmer. «Du machst eh immer leere Versprechunga. Da lädst uns alle ein, die Ilse, den Albert, die Theresia, und schwärmst vorher vo deim tolln Käskuchn – und wie mir alle beisammen waren, hat nur der Käskuchn gfehlt!»

Mariechen blieb stehen und stemmte ihre Arme in die Hüften.

«Nadürli hab ich an Käskuchn ghabt», erwiderte sie beleidigt. «Aber wenn die gnädige Frau kommt, muss ja alles sauber sein. Drum hob ich vorher extra nu mei Wohnzimmer gstaubsaugt. Dabei bin ich ans Tischbein hingrumblt mitm Staubsauger, und da is der Kuchn a bissl bröckelt, und a paar Brösl sind aufn Teppich gfalln. Und die wollt ich wegsaugn, also hob ich den Schlauch vom Saugstauber gnommen und dann» – sie machte furchtbare Zisch- und Sauggeräusche – «zack, war der ganze Käskuchn im Beutel drin!» Nach einer Pause fügte sie hinzu: «Den Beutl hab ich dann eingfrorn, wär ja schad um den Käskuchn gwesn.»

Endlich hat Mariechen den Durchblick!

Argwöhnisch fragte ich nach, was sie denn noch alles in ihrer Tiefkühltruhe habe.

«Ja, essn darfst davon nix! Ich geb des alles meiner Cousine aus Strullendorf, dei frisst des scho.»

Sprachlos ging ich neben ihr her. Musste man den Amtsarzt einschalten? Langsam glaubte ich, dass man Mariechen nicht mehr alleine lassen konnte. Aber sie plapperte schon wieder heiter weiter und kam auf eines unserer Lieblingsthemen: Alterserscheinungen. Dieses Mal ging es um Sehschwäche, und ich warnte sie vor dem Augenarzt der Pumps-Betty.

«Der is irgendwie seltsam, hat sie mir erzählt. Sie hat sich die Augen untersuchn lassn und hat erschdamol an Sehtest machen müssn. Vo einer Tafel hats a Buchstabenreihe, ich glaub A – F – G – X, vorlesen müssen, und dann hat sie der Augenarzt gfragt, wies denn untenrum ausschaut.»

Mariechen lachte laut auf.

«Achgodderla, bei dem Alter vo der Pumps-Betty ist da a nimmer viel los! Ich hab ja gar net gwußt, dass des zusammenhängt!»

Ich war mir sicher, dass die Pumps-Betty da etwas durcheinandergebracht hatte, wollte nun aber wissen, wie gut Mariechens Augen noch waren, und forderte sie auf, mir zu sagen, was auf dem Schild uns gegenüber stehe. «Da is ka Schild», behauptete sie, obwohl dort ganz groß der Schriftzug einer Supermarktkette zu sehen war. Ich startete einen neuen Versuch, deutete auf eine vorbeilaufende Passantin und fragte, welche Farbe deren Bluse habe. Mariechen schüttelte den Kopf. «Des is doch a Mann, der da läuft.» Nun machte ich mir doch ein bisschen Sorgen um sie und äußerte offen die Befürchtung, sie werde bald einen Blindenhund brauchen.

«Was soll denn ich mit einem blindn Hund? Bin ja froh, wenn ich selber mein Weg find!»

Warum gab ich nicht einfach die Hoffnung auf, irgendetwas bei Mariechen zu ändern? Wir waren früher beide ganz anständig in der Tanzstunde, und seitdem gehen wir ins klassische Tanzcafé. Das sind wir so gewohnt, und das machen wir, solange wir noch können. Bei den jungen Leuten werden sich auch solche Gewohnheiten einschleichen. Allerdings frage ich mich schon, ob die mit achtzig auch noch so in den Diskotheken rumhüpfen wie jetzt. Ich sehe es förmlich vor mir, wie sie im gesetzten Alter mit dem Gehwagen auf die Tanzfläche rollen. Obwohl, den könnte man ja unter Strom setzen, dann zappeln sie so rum wie früher. Ihr RedBull trinken sie wahrscheinlich aus Schnabeltassen, und von der Musik wird man gar nichts mehr hören, die geht dann über die Induktionsschleife gleich direkt ins Hörgerät, sozusagen als Flatrate. Die Vorstellung, dass sie dann auch noch Table-Dance machen, ist allerdings nicht sonderlich lecker. Wobei die kaum noch zur Stange raufkommen dürften. Wahrscheinlich spielen sie lieber Tattoo-Raten: Der Unterarm wird freigelegt, und man muss erraten, was das Tattoo früher einmal dargestellt hat.

Erst Mariechens «Hörst du mir überhaupt zu?» riss mich aus meinen Zukunfträumen.

«Ja, ja», sagte ich schnell, «ich hab grad überlegt, wie die Mädels, die sich su a Tattoo am Steißbein, also so a Arschgeweih ham machen lassen, im Alter bleed schaua. Weil anhand vo dem Schlampenstempel kann mer genau ablesn, wie weit der Hintern gwachsn is.»

«Genau, und gebürscht sinds auch alle, des hab ich sogar bei meim Busfahrer gsehen!»

Was sollte denn gebürschtet sein?

«Wenn junge Leut heutzudooch an Leistenbruch haben, dann werden die net genäht, sonder genietet», klärte sie mich auf. «Da ham die dann im Nabel nur su a Niete. Manche haben des a in der Brust!»

Piercing, das war es also, was sie meinte. Und das wollte sie bei ihrem Busfahrer gesehen haben?

«Mei Enkl is doch Augenarzt.»

«Und der hat ein Piercing?»

«Edz lass mich halt amol erzähln. Mei Enkel ist doch Augenarzt, dees is a ganz a netter Mo, der däd ja sei Frau nie betrügn. Ich bin glei hin zu ihm, da hat er gsacht, Oma, edz stell mer däine Augn richtig ei. Und dann hot er mir Kontaktlinsn verschriebn. Ich bin glei zu meim Optiker ins Schauhaus, und der hat zu mir gsagt ‹Frau Betzold, wollns welche für dreihundert Euro oder für fünftausnd Euro?› – ‹Waas, fünftausnd Euro? Dees is ja die halbe Rentn!› Ich hob trotzdem die teureren Linsen genommen und sie mir gleich nei in die Augen – stand der Verkäufer plötzlich nackerd vor mir!»

Ich errötete: Hatte sich der Optiker wirklich vor ihr ausgezogen? Mariechen verdrehte die Augen.

»Nein, des lag an die Kontaktlinsen. Wie ichs wieder raus hab, war der Verkäufer wieder angezogen. Toll, denk ich mir, die muss ich mir sofort kaufn und meim Enkl zeign. Im Bus hab ich die Dinger wieder rein, zack, war der Busfahrer nackerd. Des war so a junger Bursch, und der war am Bauch gebürschded. Na ja, wie ich dann bei mein Enkl, dem Augenarzt, war, bin ich erschd gor net ins Wartezimmer, sondern gleich nei in Behandlungsraum. War da net mein Enkl mit seiner Sprechstundnhilf nackerd am Tisch ghockt. Ich hob die Dinger raus – waren alle beide immer noch nackerd am Tisch gsessn. So ein Gschlamp, hob ich mir dacht, nach einer halbn Stund warn die Dinger scho kaputt!»

Geschenke

Ich schlenderte gerade über den Wochenmarkt, als ich Mariechen mit einer sehr großen Einkaufstüte an einem Obststand stehen sah. Sie begutachtete ausgiebig Melonen. Die Marktfrau war schon am Verzweifeln, offenbar wusste meine Freundin wieder an jeder einzelnen Frucht etwas auszusetzen. Nun legte sie auch die letzte zurück, nachdem sie sie zuvor fachmännisch abgefingert hatte.

Mariechen und ihre dicken Dinger.

«Naa, do is nix für mich dabei, die sind mir alle zu groß für a Bowle.»

Sie verabschiedete sich und ließ die verdutzte Verkäuferin an ihrem Stand zurück.

«Mariechen», rief ich ihr entgegen, «was hast denn du für mordzdrum Tütn dabei?»

Sie kam ein Stück auf mich zu.

«Waltraud, grüß dich, ich hab schnell a Geschenk für der Pumps-Betty ihrn fünfundneunzigsten Geburdsdooch am Drittn bsorgt.»

Neugierig griff ich nach der Tüte, um nachzusehen, welche Überraschung sich darin verbarg.

«Drübn im Kunstgewerbeladn hab ich des kauft.»

Ja, der Fürther Einzelhandel hat schon tolle Läden, wie eben jenen Kunstgewerbeladen Staudt, in dem man so allerhand Schnickschnack, Schönes und Wertvolles erstehen kann.

«Weißt», erklärte Mariechen, «beim Staudt findst immer a Scheißdreckla, und die packn des su arch schäi ein. Obbä vorhin wollt mich der Chef höchstpersönlich in sein Keller führn, in den Gribbnkeller. Obbä ich hab mich standhaft gweigert, ich will mer doch net im Frühjahr a Gribbn holn, bin froh, dass ich mei letzte Erkältung hinter mir hab!»

Unser fränkischer Dialekt birgt so manche Verwechslungsgefahr, aber eigentlich sollte Mariechen schon wissen, dass es sich bei Staudts Keller nicht um eine Ansteckungszone für Grippeviren handelt, sondern man dort das ganze Jahr Weihnachtskrippen kaufen kann. Ich ließ sie einfach in dem Glauben, sie hätte recht, und wühlte weiter in ihrer Tüte. Aber außer meterweise Zellophanpapier, welches mit bunten Bändern verziert war, fand ich nicht den kleinsten Gegenstand.

Die scheinheiligen zwei Königinnen.

Was wollte sie denn nun Pumps-Betty zum Geburdsdooch schenken?

«Ich hab zum Staudt gsacht, er soll blouß a weng a Zellofanpapier mit bunte Bänder nehma, wall bis die Pumps-Betty des Gschenkla auspackt hat, is die eh gstorbn.»

Mariechens Logik konnte durchaus etwas Praktisches an sich haben.

Wir überquerten die Straße und setzten uns ins «Café am Park» auf eine Tasse Kaffee und ein Stückchen selbstgemachten Kuchen, den wir am Buffet auswählten.

«Ich möchert amol widdä was Spannendes machen», sinnierte Mariechen, «ircherdwos, was mir scho lang nimmer gmacht ham!»

Ich dachte nach, holte mir zwischendurch noch ein Stückchen Heidelbeertorte, und wie ich gerade die Cocktailkirsche von der Sahnehaube pickte, kam mir eine glänzende Idee.

«Mir gehen mal widdä ins Casino, am bestn nach Bad Kissingen, doddn kennen mir uns doch aus.» Ich kam sogleich in Fahrt. «Da legst einfach dein Rentenbescheid an die Kasse und kannst den ganzen Monat spilln!»

Mariechen stopfte sich stirnrunzelnd ein Stück Käsekuchen in den Mund und wischte sich die Brösel von den Lippen.

«Mir gfälld des net», sagte sie schmatzend, «ich war amol in Garmisch-Partenkirchen in der Spielbank und hab zweihundert Euro an der Kasse hinglegt, und der Doldi schiebt mir bloß zwanzig Fahrchips für a Karussell hin.»

Sie nahm ein weiteres großes Stück von ihrem Käsekuchen, was ihre Aussprache nicht unbedingt verbesserte.

«Fahrchips für a Karussell! Und weit und breit war ka Kärwa*! Da wollt ich mich glei beschwern und bin an so einen grünen Tisch gangen, wo so a Entertainer im schwarzn Smoking gstandn war. Der muss grad Pause ghabt ham, weil gsungen hat der fei net. Wütend hob ich meine Chips auf den Tisch knallt. Und ich war nicht die Einzige, alle Leut um den Tisch rum haben sich beschwert und die Fahrchips auf den Tisch gschmissn.»

Empört würgte sie das letzte Stück Käsekuchen in sich hinein.

«Dann is irgendjemand vom Gartenbauamt kommen mit einem Kinderrechen und hat alle Chips zammgschobn. Und der Smokingträger schiebt mir die Hälft vo dem Berg direkt vor die Nasn und sagt: ‹Für Sie, Madame!› So eine Frechheit, hab ich mir denkt, so viel Karussellfahrn kann ich in meim ganzn Leben nimmer. ‹Den Scheißdreck könnens behaltn›,

---

hob ich ihm zugrufen, und der war nicht amol bös, sondern scheißfreundli zu mir.»

«Ja, spinnst denn du!», schrie ich. «Da hast doch gwonnen! Das waren doch Jetons!»

Sie blickte mich an wie ein Schaf auf der Heide.

«Kartons? Kartons brauch ich noch weniger.»

«Jetons!», wiederholte ich. «Jetons! Des is eine Art Geldmünze. Die legt man beim Roulette auf eine Zahl, und wenn die weiße Kugl im Kessel ...»

«Ja, ein Kessl war in dem Tisch einbaut, obbä Weißwörschd hams uns net gmacht.»

«Des is a ka Wourschdkessl», schnaubte ich, «sondern da rollt die Kugel, und wenn die Kugl im Kessel auf die gleiche Zahl fällt, wo du die Jetons hinglegt hast, bekommst den 35-fachen Einsatz als Gewinn auszahlt. Mir is schomol mei Ohrring auf a Zahl gfalln, die dann kommen is – homs mir 35-mal Ohrringe gebn.»

Mariechen horchte auf.

«Des is praktisch, dann geh mehr heut Nachmidooch glei hin, dann setz ich eine Kopfschmerztablette, dann brauch ich nimmer in die Apothekn!»

Gegen Dummheit ist kein Kraut gewachsen. Ich ließ sie für einen Moment alleine, um mir ein weiteres Stück Kuchen vom Buffet zu holen. Als ich zurückkam, schaute mich Mariechen tadelnd an.

«Schämst du dich denn net? Dreimal hast edz scho an Kuchn gholt!»

«Nein, ich sag doch jeds Mal am Buffet, der Kuchen wär für dich!»

Kreuzfahrt

Ich trieb Mariechen zur Eile, doch sie kämpfte sich mühsam ab, ihren Koffer die letzten Stufen ihres Wohnhauses herabzuzerren. «Allmächd, is der schwer», jammerte sie immer wieder und blickte flehentlich den Taxifahrer an, der ungerührt hinter seinem Steuer sitzen blieb. Gemeinsam versuchten wir, Mariechens Gepäck selbst in den Kofferraum zu wuchten, was uns allerdings erst beim dritten Anlauf gelang, nachdem wir das linke Rücklicht und die Stoßstange ein bisschen eingedrückt hatten, weil uns der Koffer immer wieder aus den Händen glitt. Erschöpft plumpsten wir auf den Rücksitz. Endlich ging unsere große Reise los.

«Ich hätt ja nie dacht, dass a Kreuzfahrt so aufs Kreuz geht», stöhnte Mariechen, «hoffentlich sind mir bald da!»

Noch keine fünfzig Meter von zu Hause entfernt, und schon bereute ich, Mariechen überredet zu haben, mit mir gemeinsam eine Schiffsreise zu machen. Doch es gab kein Zurück mehr, die Passage war gebucht, das Taxi brauste zum Flughafen, und in weniger als zwanzig Stunden würden wir in Rio de Janeiro unseren Kreuzfahrtliner besteigen, der uns über den Atlantik nach Casablanca bringen sollte. Die Fahrt über die Autobahn nach Frankfurt ging schneller, als ich gedacht hatte – ausnahmsweise kein Stau um Würzburg herum, der Tunnel bei Aschaffenburg hatte keine der drei Spuren gesperrt, und um den Airport Frankfurt war auch fast nichts los.

Beim Aussteigen lächelte ich Mariechen frech an und meinte, dass es sehr großzügig von ihr sei, die Taxirechnung zu übernehmen. Schließlich hatte sie beim letzten Kaffeekränzchen vor unseren Freundinnen angegeben, sie wolle keinesfalls mehr mit dem Zug fahren und könne sich ein Taxi ohne weiteres leisten. Gut, ich hatte ihr bis dahin nicht verraten, dass wir nicht ab Nürnberg, sondern von der hessischen Metropole aus abflogen. Immerhin war sie großzügig genug und gab dem Fahrer 1 Euro fünfzig Trinkgeld für die zweistündige Fahrt, während ich bereits den Kofferkuli heranrollte.

«Obbä den Kaffee im Fluchhafn zohlst dann du! Ich hob ka Bargeld mehr eisteckn», schimpfte sie, während wir in die Abflughalle marschierten.

Trotz der Größe und Internationalität des Flughafens ließ das gastronomische Angebot sehr zu wünschen übrig. Außer teuer nix gewesen: Für ein ausgetrocknetes halbes Huhn mit Papp-Pommes und einem kleinen Bier bezahlte ich 14,50 Euro plus 4 Euro für Mariechens Kaffee. Wahrscheinlich waren das die Gebühren für die weiten Wege und das ewige Warten.

Um 22.00 Uhr wurde unser Lufthansaflug endlich aufgerufen, und die Massen strömten in den Flieger, der sich als einer der brasilianischen Partnergesellschaft entpuppte. Ihr Name klang wie Viagra, und beim Platznehmen begriff man, dass das womöglich kein Zufall war: Man saß kerzengerade aufrecht, ohne Bewegungsfreiheit. «Na toll, und das 12,5 Stunden lang», maulte Mariechen. Wenigstens hatten wir einen Doppelsitz und mussten mit keinem Fremden neben uns vorliebnehmen.

Allerdings lauerte direkt hinter mir ein Passagier, der nichts Gutes ahnen ließ. Er konnte wohl Deutsch, sprach aber mehr eine Mischung aus Französisch-Flämisch-Nuschelig.

Der Abflug stand an, für eine halbe Stunde wurde es dunkel in der Kabine. Als das Licht wieder aufflammte, schwebten wir schon im sternenleeren Himmel. Wir sahen, dass die Vorhänge der Businessclass zugezogen wurden, und hofften, nun auch bald vom Bordservice verwöhnt zu werden. Doch von Verwöhnen konnte keine Rede sein, «austeilen» wäre das treffende Wort gewesen. Schon äußerlich vertrat die Stewardess überhaupt nicht den rassigen brasilianischen Typ, eher erinnerte sie uns an eine Offizierin aus irgendeiner Ostzone. Was sie sagte, war praktisch nicht zu verstehen, sodass ich, als sie die Essenswünsche abfragte, nur bei einem Gericht nicken konnte. Damit hatten wir uns für «Chicken» entschieden.

Das Huhn schien aus der Küche des Flughafen-Bistros zu stammen – oder war es gar der Rest, den ich vorhin hatte zurückgehen lassen? Das Kartoffelgratin ähnelte den zusammengestampften Restpommes und war genauso geschmacksneutral. Gerade noch der Klecks einer Fruchtcreme war genießbar sowie das weiche Semmelstück, das dünn mit Butter bestrichen den leichten Nachthunger vertrieb.

Nachdem die Stewardessen die Abfälle eingesammelt hatten, wurde wieder abgedunkelt. Ich versuchte, meinen Körper in eine einigermaßen angenehme Schlafstellung zu bringen. Dies wurde mir durch meinen Vordermann erschwert: Rücksichtslos stellte er die Rückenlehne nach hinten, sodass es nicht möglich war, mit geschlossenen Beinen zu sitzen. Umständlich stopfte ich meine Beine mal direkt unter den Sitz, mal links daneben, dann wieder zog ich sie an den Körper. An Schlafen war jedenfalls nicht zu denken, obwohl die Suche nach einer bequemen Körperposition durchaus müde machte.

Nun gut, Zeit genug zum Einschlafen hatte ich wohl. Doch sobald ich kurz vor dem Einnicken war, machte sich mein Hintermann bemerkbar. Erst entdeckte er dringend zu klärende Meinungsverschiedenheiten mit seiner Frau, die er lautstark austrug. Zwischendurch rülpste er immer wieder hemmungslos – lautstark und lang anhaltend. Diese oralen Äußerungen wären vielleicht noch zu ertragen gewesen, doch dass er sich an meiner Kopfstütze festhielt, sich daran hochzog, rüttelte und schüttelte, das machte meine letzten Schlafversuche zunichte.

Irgendwann wurde es langsam hell. Das Kabinenpersonal ratterte durch die Reihen und verteilte eine Art Frühstück: eieromeletteähnliche Batzen, weiße Kalbswurst, weiß gebraten, die weichen Semmeln des Abendessens, die in der Zwischenzeit hart geworden waren und als sogenannte knackige Sonntagsbrötchen auf dem Tablett klapperten, dazu eine Tasse lauwarmen Kaffeeersatz. Mariechen hatte derweil fast den gesamten Flug hindurch leicht röchelnd vor sich hin gepennt. Die Höhenluft hatte anscheinend auch ihre Geschmacksnerven abgetötet, sie erfreute sich sicht- und hörbar an dieser Ladung Biomüll.

Der Anflug auf Rio de Janeiro entschädigte dann für alle Strapazen. Endlich lag das erste Reiseziel in greifbarer Nähe – und die Stadt bot aus der Vogelperspektive einen überwältigenden Anblick. Sanft setzte der Flieger auf brasilianischem Boden auf, und wenig später pressten sich die Passagiere hinaus aus dieser Flugwurst. Kaum dass wir auf der Gangway standen, knallte uns unerbittlich die 38 Grad heiße, feuchte Luft entgegen. Lange mussten wir das allerdings nicht ertragen, in der klimatisierten Ankunftshalle kam man sich bei gefühlten minus zehn Grad vor wie im Eisbecken nach einem Saunagang. Völlig übernächtigt, krüppelkrumm und ausgelaugt, nahm ich die Warteschlangen an der Gepäckausgabe und die mürrischen Blicke der Zöllner kaum mehr wahr. Vor dem Gebäude kletterten wir mühsam in einen Reisebus, der uns direkt zum Hafen brachte.

Unser Ziel war schnell erreicht. Ein einladendes Ambiente, um eine Kreuzfahrt zu beginnen, bot die Hafenanlage mit den vielen verrosteten Containerschiffen nicht gerade. Aber nach 25 Stunden Wachsein war mir das egal, ich freute mich nur noch auf meine Kabine und eine schöne, angenehme Dusche. Elegant lag unser Kreuzfahrtschiff vor uns, mächtig und erhaben der Bug, ein strahlend weißer Körper, aus dessen Mitte sich ein blauer Schlot erhob, polierte Holzbohlen auf dem Deck und ringsherum eine weiße Reling. Dazu glitzerte das Meer in der Sonne wie tausend Zigarettenstummel. Mariechen konnte es gar nicht erwarten, den Dampfer zu betreten.

Mit dem Aufzug rauschten wir auf Deck 8, wo unsere Kabinen lagen, zwar nicht nebeneinander, aber gegenüber. Für Mariechen hatte ich eine günstige Innenkabine gebucht, die statt einem Bullauge nur einen runden Spiegel bot, als Fensterersatz. In Ausstattung und Größe waren die Kabinen identisch: beide in Cremefarben und Ockerbraun gehalten, je zwei Einzelbetten, ein kleiner Schminktisch und eine Nasszelle, wobei das Wort Zelle noch freundlich gewählt ist. Immerhin konnte ich, wenn ich über das eine Bett krabbelte und meinen Kopf weit nach vorne streckte, halb aus dem Fenster sehen. Dabei blies mir die Klimaanlage allerdings so stark in den Nacken, dass ich es während der gesamten Reise bei einem einzigen Blick aus dem Bullauge beließ.

Ich verstaute meine Sachen, duschte und hatte mich gerade für einen Rundgang zurechtgemacht, als die erste Lautsprecherdurchsage ertönte. Laut war sie in der Tat, sehr sogar, dazu scheppernd. In vier Sprachen teilte man uns mit, das Schiff werde in Kürze auslaufen. Kaum war das Echo verklungen, kam Mariechen ganz erschrocken hereingestürzt – sie glaubte allen Ernstes, das Schiff sei kaputt. Auf dem Weg zum Außendeck erklärte ich ihr einige nautische Grundbegriffe und dass sie «auslaufen» nicht wörtlich nehmen dürfe. Am Heck des Schiffes machten wir es uns in der Abendsonne auf zwei Liegestühlen bequem. Als uns dann noch ein Steward mit einem freundlichen Lächeln zwei grünfarbene Cocktails reichte, kam langsam so etwas Ähnliches wie Urlaubsfreude auf.

Fasziniert verfolgten Mariechen und ich, wie das Schiff aus dem Hafen und weiter entlang der brasilianischen Küste fuhr. Mit dem leichten Schaukeln wurde unsere Stimmung spürbar besser. Rio schien unendlich groß; die gigantischen Wolkenkratzer waren eng aneinander und umeinander gebaut, die Copacabana verbreitete ihr verführerisches Licht, der Himmel trug die rotgoldene Farbe der untergehenden Sonne, und über allem erhob sich der Zuckerhut. Einer der wundervollsten Anblicke meines Lebens und eine köstliche Belohnung für die anstrengende Anreise!

Aus dieser Stimmung wurde ich schnell herausgerissen. Mariechen stocherte wild mit dem Strohhalm in den Resten ihrer Cocktaileiswürfel herum.

«Edz hob ich an gscheidn Hunger, gibds ned bald es Abendessn?»

Auch ich verspürte mittlerweile so etwas wie Appetit, und so machten wir uns auf ins Restaurant auf Deck 3. Es verströmte einen gewissen Siebziger-Jahre-Charme und hatte wohl schon bessere Zeiten gesehen. Der Oberkellner führte uns an einen Zweiertisch, der für die nächsten Tage unser Stammplatz werden sollte. Als wir die Speisekarte durchsahen, runzelte Mariechen die Stirn.

«Erste Sitzung? Was soll denn des heißen? Gibts da noch eine zweite Sitzung? Na, des schaff ich fei wergli net, zweimal am Abend a Fünf-Gänge-Menü zu essn!»

Ich hätte ihr vorab einen Volkshochschulkurs Kreuzfahrten für Anfänger schenken sollen, dachte ich mir, während ich sie darüber aufklärte, dass das Restaurant nicht groß genug für alle Passagiere sei und man deshalb in zwei Schichten essen müsse. Wir ließen uns die erste richtige Nahrung nach über 28 Stunden schmecken und fielen dann todmüde in unsere Betten.

Mit dem Schlaf war es allerdings am nächsten Morgen schon um halb acht vorbei. Der krächzende Lautsprecher meldete sich wieder, diesmal mit der Stimme des Kreuzfahrtdirektors. Was er genau sagte, konnte ich nicht verstehen, aber es war irgendwas mit Morgengymnastik am Außendeck. Dieses Schauspiel wollte ich mir vor dem Frühstück nicht entgehen lassen. Direkt neben dem Pool war eine kleine Bar, an der ich mich positionierte. Mit einem großen, starken Espresso in der Hand beobachtete ich eine Handvoll Passagiere, die bereit waren, sich schon um diese Uhrzeit quälen zu lassen.

Durchweg handelte es sich um ältere Herrschaften, die wie kleine Walrosse auf ihren Turnmatten lagen und krampfhaft versuchten nachzumachen, was der höchstens halb so alte

Trainer ihnen vormachte. Es war nicht ohne Reiz zu bemerken, dass der Wille, die Übungen so korrekt wie der muskulöse Animateur durchzuführen, sehr wohl vorhanden war, nur hing das Übergewicht ständig im Weg. Die unnormale Anstrengung stand den Teilnehmern ins Gesicht geschrieben. Hinter einer Glastür drückte sich eine kleine grauhaarige Frau in bunter Blumenbluse herum, als wäre sie nicht erwünscht. Dennoch schien sie die Aufmerksamkeit der Gymnastikgruppe erhaschen zu wollen, jedenfalls begann sie, kokett zu der Diskomusik auf und ab zu tanzen. Aber die Schwitzenden waren zu sehr beschäftigt, den Bewegungen des Trainers zu folgen, als dass sie sich um die hüpfende Bluse hätten kümmern können.

Ich bestellte mir einen Martini, schließlich war ich auf Urlaubsfahrt, und ein kleiner Morgenschwips würde ja bei dem leichten Seegang gar nicht auffallen. Und schon war meine Aufmerksamkeit wieder bei den Turnern, die sich am nächsten Schwierigkeitsgrad versuchten: das linke Bein angewinkelt, die eine Hand hinter den Kopf gelegt, die andere am Fußrücken, das rechte Bein durchgestreckt, hieß es, den Rumpf halblinks nach vorne zu beugen. Während der «Gruß vom Kapitän auf der Brücke» aus dem blechernen Lautsprecher dröhnte, purzelten die Körper auf den bunten Turnmatten umher wie die Konservendosen in einem Einkaufswagen, der über ein Kopfsteinpflaster gescheppert wird.

Von meiner bequemen Sitzposition an der Bar aus und mit einem weiteren Espresso verfolgte ich nun, wie der Trainer wechselte. Ein fast zwei Meter großer Animateur, braungebrannt von der Sonne, begann Crossover-Übungen. Mit großen Sprüngen nach vorne und hinten jagte er die Truppe über das Parkett beziehungsweise die Schiffsbohlen. Die Damen, ganz offensichtlich fasziniert von seinem Körperbau und insbesondere seinem Superprachtarsch sowie dem wilden Kopftuch, sprangen ihm wie junge Dinger hinterher. Das Tempo wurde schneller, der Trainer vergrößerte die Schritte, ja sogar bis hinaus aufs Vordeck sprang er.

Getrieben vom heißen Blick auf seinen Hintern, geriet die Dame links hinter ihm immer mehr in Ekstase. Sich anscheinend jung und fit fühlend, sprang sie einer Gazelle gleich im Hoppelschritt die gewagten Schrittkombinationen des Meisters nach, überholte ihn dabei mehrmals stürmisch und wurde von ihm nach hinten in die Linie gewiesen. Doch in ihr schien ein Jungbrunnen ausgebrochen. Im Takt des Diskosounds hüpften ihre Brüste von unten nach oben, «and one, and two! And one, and two! And one, and two!», die Kommandos trieben sie voran, das Haar hing ihr verschwitzt ins Gesicht, sie holte aus zum nächsten Sprung und – tja, wäre da mal nicht die Glastüre zum Terrassencafé im Weg gewesen. Ein dumpfer Schlag beendete abrupt ihre Ekstase, die sich sicher schlagartig in heftige Kopfschmerzen verwandelte. Nicht umsonst heißt es: «In einem gesunden Körper wohnt ein gesunder Geist», doch der Geist sollte auch auf den Körper aufpassen!

Ich hatte genug von meiner sportlichen Betätigung und bekam Appetit auf ein leichtes Frühstück. Unter Deck traf ich auf das herumirrende Mariechen.

«Ich kenn mich bald nimmer aus, Treppn rauf, Treppn runter, und immer land ich an derselbn Stell!»

Daran würde sie sich gewöhnen, schließlich hatten wir vier Seetage vor uns, also genügend Zeit, das Schiff zu erkunden. Ich hakte mich bei ihr unter. Das Schiff schwankte merklich, und es war nicht ganz einfach, sich den Bewegungen des Meeres anzupassen. Alle Passagiere torkelten irgendwie durch die Gänge. Mich störte das nicht im Geringsten, empfand ich dieses sanfte Auf und Ab doch als angenehm kribbelnd. Außen auf dem Lido-Deck wurde das Frühstück serviert, das heißt, eigentlich wurde es nicht an den Tisch gebracht, sondern es war in Buffetform aufgebaut. Der Andrang war riesengroß, selbst die Lahmen erschienen, und auch einige Teilnehmer der Gymnastikgruppe waren schon da. Sie wollten wohl erst nach dem Essen die nötige Dusche aufsuchen.

Sobald sich die Shorts- und T-Shirt-Träger mit den weißen, ovalen Tabletts bewaffnet und das Besteck zwischen die Finger geklemmt hatten, begann der Tanz. Am zweiten Tag an Bord ist es noch nicht in Fleisch und Blut übergegangen, wo sich die Morgenbrötchen, das kalte Rührei, die Marmeladen und sonstigen Köstlichkeiten befinden. Also machten sich die Passagiere auf dem schwankenden Boden auf die Suche: Jeder Tritt unsicher, unschlüssig, ob sie der Bewegung links oder rechts folgen sollten, tasteten sie sich zwei Schritte nach vorne, gefolgt von einem Rückwärtsausfallschritt mit einem leichten Schwanken nach rechts. Bei einem einzelnen Menschen wäre die Schrittfolge kaum aufgefallen, doch es gab noch viele andere hungrige Mäuler, die der Choreographie dieses Frühstücksballetts folgten. Ständig in der Angst, umzufallen oder unfreiwillig mit dem Vordermann zusammenzustoßen, in den Augen der gehetzte Blick nach der Butter, das Tablett verkrampft in der einen Hand, in der anderen die gefüllte Kaffeetasse, torkelten sie um das Buffet herum und griffen wackelnd nach dem nächstbesten Teilchen. Es fehlte nur noch die musikalische Untermalung durch «Perpetuum mobile» von Johann Strauß (Sohn).

Der Anblick erinnerte mich an den Touristenmarkt in Pal-

ma de Mallorca. Dort hatte ein kaffeebrauner junger Mann mit einem verschmitzten Lächeln kleine Plastikroboter feilgeboten, die vor ihm in einer selbstgezimmerten Holzkiste kreuz und quer herumtapsten. Bei jedem Zusammenstoß mit einem anderen Roboter oder der Kistenwand fielen sie um, um im nächsten Moment, einem Stehaufmännchen gleich, wieder auf ihren Metallfüßchen zu stehen und blindlings zum nächsten Zusammenstoß zu laufen.

Gegen Mittag wurde der Atlantik rauer, der Wind wehte heftigst von vorne. Das Schiff hatte merklich zu kämpfen, um voranzukommen, wurde dadurch auch langsamer, aber es stampfte tapfer weiter. Der Gang über Deck geriet zum schwankenden Vergnügen, die Gischt wurde durch den Wind nach oben gewirbelt, und zurück blieb etwas Salz auf der Haut. Ich genoss das wilde Meer alleine an Deck, Mariechen hatte sich in ihre Kabine zurückgezogen, offenbar vertrug sie die Seeluft nicht.

Am Abend wurde die See wieder ruhiger, und wir konnten uns schick machen für den Gala-Abend an Bord. Als Mariechen vor meiner Kabinentür stand und mich freudig begrüßte, traute ich meinen Augen kaum: sie trug ein langes violettes Kleid mit rosafarbenen Tupfen und hatte ein gelbes Halstuch um ihren Hals gebunden. Ich schluckte. Wie konnte jemand so viel Geschmacklosigkeit auf einmal öffentlich zeigen wollen?

Im großen Tanz-Salon herrschte bereits Trubel, wir mussten ein wenig suchen, bis wir einen Tisch für uns zwei fanden. Alle Passagiere hatten sich herausgeputzt, die Uniformen der Offiziere und des Kapitäns glänzten, sogar die Kellner hatten dunkelrote Livrees und weiße Handschuhe an – und ich hockte neben einer alten Schachtel, die aussah wie ein gerupfter Papagei!

«Wenn des Schiff untergeht, hockst du in dem Kleid garantiert allein im Rettungsboot», murmelte ich.

Mariechen machte sich nichts daraus; sie bestellte uns zwei Long Island Ice Tea, schwätzte mit den Herrschaften am Nachbartisch und schien sich königlich zu amüsieren. Meine Laune war irgendwie am Boden, ich schämte mich ihrer Farbenfrechheit und wäre am liebsten ins Bett gegangen.

Doch dann trat ein eleganter älterer Herr an unseren Tisch, verbeugte sich leicht und fragte, ob er denn ein Tänzchen von uns haben könne. Ich blickte kokett nach unten, meine Wangen erröteten leicht. «Aber gerne doch», flüsterte ich. Als ich mich gerade erheben wollte, hörte ich Mariechen laut ausrufen: «No freili, edz tanz mer glei an flottn Walzer übers Parkett!» Noch bevor der verdutzte Mann reagieren konnte, schnappte Mariechen ihn sich, zerrte ihn regelrecht auf die Tanzfläche und drehte sich mit ihm im Walzertakt, während die Bordkapelle einen Cha-Cha-Cha spielte.

Ich war stinksauer. Am nächsten Hafen würde ich sie in einen Container nach Afrika sperren, schwor ich mir. Das war wieder mal typisch für Mariechen. Schon früher, als wir noch junge Mädels waren, hat sie mir immer die attraktivsten Tanzpartner aus der Hand gerissen. Ich sah es wieder vor mir, wie wir in den sechziger Jahren zweimal die Woche zum Tanzen gingen. Ach, was war das für eine aufregende Zeit in unserem «Oaschbackncafé»! So hieß im Fürther Volksmund tatsächlich ein Kaffeehaus gleich hinter dem Berolzheimerianum. Ursprünglich war der kleine, runde Bau als Milchhaus gegründet worden; Mitte der fünfziger Jahre bekam er einen Anbau mit einer zweiten Rundung und sah dann ähnlich aus wie ein Popöchen. Und es dauerte nicht lange, bis wir Fürther den Spitznamen gefunden hatten.

Dort trafen wir uns immer in fröhlicher Runde zum Tanz, und Mariechen gelang es jedes Mal, mir mit ihren hinterfotzigen Tricks die Tanzpartner wegzuschnappen. Mal schüttete sie mir «aus Versehen» ihr Weinglas übers Kleid, mal behauptete sie, ich hätte einen gebrochenen Fuß und könne nicht tanzen, dann wieder verknotete sie meinen Handtaschenhenkel am Stuhl, und wenn ich es doch einmal geschafft hatte, mit einem Herrn auf die Tanzfläche zu gelangen, rief sie laut «Tanzpause!» durchs Lokal, woraufhin die Kapelle freudig zur

Bar rannte und in der nächsten halben Stunde nicht mehr an Musik zu denken war.

Doch auf dem Schiff hatte ich Glück, denn kurz nach den ersten Walzerschritten zog der Herr Mariechen zurück zu ihrem Platz und meinte empört, er tanze nicht mit einer Bewegungslegasthenikerin. Darauf bat er mich zum Tanz, aber ich konnte vor lauter Prusten gar nicht darauf eingehen. Mein lautes Lachen muss bis aufs unterste Deck zu hören gewesen sein, ich kriegte mich gar nicht mehr ein. Ich gluckste und gackerte, hüpfte auf meinem Platz auf und nieder und genoss die Genugtuung nach all den vielen Jahren. Mariechen hingegen saß mit sauertöpfischer Miene neben mir.

«Su ein Depp, su ein bläider. Eingebildeter Lackaff!» Es kamen noch viele weitere Schimpfworte aus ihrem Mund, aber die möchte ich hier gar nicht wiedergeben.

Die nächsten Seetage vergingen ohne besondere Vorkommnisse, das Bordleben hatte einen fest im Griff: Frühstück, Mittagessen, Abenddiner. Dazwischen ständig Animationsspiele, die einem irgendwann auf die Nerven gehen, schon weil die meisten davon so dämlich sind, dass wir sie seit unserer Kindheit nicht mehr machen. Außerdem wird alles in vier Sprachen übersetzt, selbst die einfachen Zahlenreihen beim Bingonachmittag. Die anderen Passagiere beteiligten sich allerdings mit großer Begeisterung am Unterhaltungsprogramm. Vielleicht auch nur, weil es immer und immer wieder T-Shirts zu gewinnen gab. Wir fragten uns, wie viele T-Shirts ein Mensch eigentlich braucht. Nur beim T-Shirt-Bemalen sprang Mariechen aus ihrem Liegestuhl und wollte unbedingt mitmachen. Ich schüttelte den Kopf und betrachtete all die »Kreativen«, die versuchten, möglichst viel Farbe auf den Stoff zu bringen, und dabei mehr sich selbst anschmierten, beträpfelten und bekleckerten. Nach kurzer Zeit kam Mariechen stolz zurück, in der Hand schwang sie ein blütenweißes Shirt.

«Ich bin doch net bläid und mal des an», verkündete sie, während sie es in ihre Handtasche presste. «Des kost im Ladn locker zehn Euro. Des nehm ich mit heim und schenks meim Enklkind, was meinst, wie die sich freut über su a T-Shirt!»

Casablanca

Nach über einer Woche konstant auf See legte das Schiff endlich in Casablanca an. Im größten Frachthafen Afrikas lag unser Dampfer nun zwischen den Containern. Das Wetter war bewölkt bis regnerisch, was uns aber nicht hinderte, wetterfest verpackt von Bord zu gehen, die aufdringlichen Taxifahrer links liegen zu lassen und uns zu Fuß auf den langen Weg in das Zentrum zu machen. Unsere erste Station war das Hyatt Hotel. Livrierte Doormans öffneten die Türen und grüßten uns sehr freundlich auf Französisch. Staunend standen wir in einer Halle, die mit schwarzem Marmor, goldenen Tischen, arabischen Möbeln und riesigen Kronleuchtern prunkte. Doch wir wollten weiter zu «Rick's American Café» (dem Nachbau des Film-Cafés), wo wir nach einem weiteren Fußmarsch in breiten, weichen Ledermöbeln versanken. Ich genoss einen herrlich frischen Pfefferminztee, während Mariechen unbedingt ein Weißbier wollte und es tatsächlich auch bekam.

Nach dieser erholsamen Pause wagten wir uns weg von den üblichen Touristenpfaden und hinein in die engen Gassen, wo die schönen marokkanischen Bauten schon längst dem Verfall anheimgegeben sind. Überall verschiedenste Läden, von Leder- und Schmuckgeschäften bis hin zu Geflügelhändlern, die ihre Hühner auf offener Straße schlachteten. Die Wege waren gepflastert mit großen Schlaglöchern, Unrat an allen Ecken; am Gemüsebasar war der Boden leicht schmierig vom faulenden Obst. Da fielen auch herumliegende Fischköpfe kaum auf, wäre da nicht der intensive Geruch gewesen, der über allem schwebte. Mariechen störte das nicht, sie rief immer wieder erstaunt aus: «Schäi, allmächd is des schäi, fast su wie in Nämberch am Hauptmarkt!» Bevor sie noch irgendwo nach Kohlrabi oder Rettich fragte, zog ich sie raus aus dem Gassengewirr. Wir machten uns auf den Rückweg. Als wir erschöpft vor der Gangway unseres Schiffes ankamen, stöhnte Mariechen los.

«Warum hom die denn außn kann Aufzug? Edz mou mer däi Hühnerleiter naufkrabbln, und wemmer droben sind, fahrn mir innen widdä drei Stockwerk nunder. Des is doch umständlich!»

«A Schiff steht und fällt halt amol midm Wasser, do muss der Höhenunterschied ebn durch so a Gangway ausglichn werden.»

Ächzend quälte sich Mariechen Stufe für Stufe nach oben. Anstatt sich aber ihre Energien einzuteilen, plauderte sie unentwegt weiter.

«Ach du, weißt, mit meine Bein gehts halt aufwärts nimmer so gut. Vor allem daheim in Fürth, wenn ich die Pumps-Betty in ihrm Reihenhäusla besuchen geh. 56 Quadratmeter aaf drei Etagn, des wor ihr selbst zu vill.»

«Hat sie ihr Haus verkaaft?»

«Naa, bled wär sie! Letzte Wochn hot sie sich an Treppnlift eibaua lassn.»

«Und taugt er wos?»

«Ich weiß a net so recht. Do kummst zu ihr, hockst dich nei, und dann moußt erscht in zweitn Stock nauflaafn und des Ding eischaltn. Ach, su a Reihehäusla is dumm baut, im erschtn Stock is es Abbord, und im Keller is es Waschbeckn. Edz hast zwei Möglichkeitn: Entweder du wäscht dir kanne Händ, oddä du machst ins Waschbeckn nei.»

«Des macht mer a blouß, wemmer wou zu Besuch is.»

«Bei der Pumps-Betty ihrer Küchnspüle gäiht dees schäi!»

«Drum is der ihr sei Siffon immä verstopft ...»

Und damit hatten wir endlich das Deck erreicht, von wo uns der Fahrstuhl zu unserer Kabine brachte. Ich klärte Mariechen noch auf, wie nach unserem Landgang in Casablanca die Abreise am folgenden Tag vonstattengehe. Sie müsse ihren Koffer noch an diesem Abend bis spätestens ein Uhr vor ihre Türe stellen, sonst werde er vom Personal nicht zur Ausschiffungshalle gebracht.

«Dann hob ich ja morgn früh nix mehr zum Anziehn?»

«Gschmarri, des was du morgn früh brauchst, legst dir aufs Bett.»

«Und wo soll ich dann schlafn?»

«Du hast doch a Doppelbett, da legst links däi Wäsch hin, und rechts legst du dich danebn!»

Wir liefen den langen Kabinengang entlang. In Mariechens Hirn schien es zu rotieren, sie verlangsamte ihren Schritt immer mehr.

«Ganz schee umständlich su a Kreuzfahrt, wemmer su bald sein Koffer rausstelln mouß. Wenn ich denk, früher mit meim dritten Mann sind mir immer gemeinsam ausm Zimmer raus – mitm Koffer! Und wos mer sunst nu su gfundn ham in dem Zimmer, Fernseher, Handtücher und su.»

«Da wart ihr ja auch nur zu zweit unterwegs, obbä aaf dem Schiff müssn bald tausend Leut aaf amol naus, do muss des Gepäck ebn nachts scho runterbracht wern!»

Doch Mariechen interessierte sich gar nicht mehr so für das anstehende Prozedere, sie schwelgte in Erinnerungen an die Reisen mit ihrem dritten Mann.

«Ach, in Pisa wars bsonders schee, richtig romantisch war des unterm Eiffelturm.»

«Der Eiffelturm steht doch in Paris!»

Sie blickte mich ungläubig an.

«In Paris steht des Kolosseum», behauptete sie felsenfest.

«Des Kolosseum steht in Rom!»

«In Rom steht des Brandenburger Tor.»

«Es Brandenburger Tor steht in Berlin direkt nebern Hotel Adlon!»

«Do steht doch der schöne Brunnen.»

«Der schöne Brunnen heißt Goldner Brunnen und steht in Nämberch!»

«Hom die den wohl verkaaft?»

Ich fasste es nicht, welch schlechten Geografiekenntnisse meine Freundin hatte.

«Na freilich, und das Schloss Schönbrunn steht in Warschau», neckte ich sie, während ich meine Kabinentür aufschloss.

«Schloss Schönbrunn steht doch in Wien. Allmächd, ist däi bläid!», rief sie mir nach, während ich die Tür hinter mir zuzog.

Mariechen brabbelte draußen noch weiter, aber ich hörte nicht mehr hin. In all den Jahren, wo wir uns nun schon kennen, habe ich gelernt, Mariechen so zu nehmen, wie sie ist: ein bisschen schrullig, ein bisschen wunderlich, aber ein herzensguter Mensch, mit dem man immer rechnen kann.

Während ich meinen Koffer packte und alle Schränke, Schubladen und Kommoden leerte, sinnierte ich über unsere Reise. Eigentlich war sie herrlich – so in den Tag hinein leben, das Meer und die Luft genießen, die heiteren Passagiere aus allerlei Nationen an Bord. Da versteh ich gar nicht, dass so manch einer über Kreuzfahrten schimpft, weil dort nur alte Menschen wären. Haben denn alte Leute kein Recht zu reisen? Was ist denn so schlimm am Alter? Wir mit unseren vielen Lebensjahren haben doch mehr Erfahrung und Wissen als all die jungen Hüpfer, die, wenn sie etwas wissen wollen, ohne Wikipedia aufgeschmissen sind!

Und was ist heutzutage schon alt? Ich nutze mein iPhone ebenso wie das Internet, kann meinen DVD-Player selbständig bedienen, habe eine fernsehgebundene, stationäre Video-Spielkonsole (man könnte auch einfach Wii sagen, aber die Kids sollen ruhig wissen, wie die wirkliche Übersetzung davon lautet!), und meine Tickets für Konzerte drucke ich selbstverständlich über printathome zu Hause aus. Nur weil man ein paar Falten im Gesicht hat und nicht mehr ganz so schnell vorwärts kommt, braucht einen die Werbewirtschaft nicht schon nach 49 aussortieren. Ha, da lach ich doch drüber, die werden sich noch wundern, wenn sie selber in unser Alter kommen! Wie sagt Mariechen immer so treffend: «Wer nicht alt werden will, muss eben jung sterben!» Und das will auch keiner.

Auf was für Gedanken man bei der herrlichen Seeluft kommt. Mein Koffer war gepackt, ich zerrte ihn vor die Kabinentüre und wollte noch einen Absacker in einer der vielen Bars an Bord nehmen. Vorsichtig klopfte ich bei Mariechen.

Früher gab's das Tischtelefon – heute wird per SMS angebaggert.

Keine Reaktion. Ich versuchte es noch einige Male, doch nichts tat sich. Also tappte ich allein hinauf auf Deck 9 zur schnuckligen Jankanoo-Bar. Von weitem hörte ich schon lautes Lachen, und wie ich in den Raum kam, saß dort Mariechen umringt von vier Kellnern, die über alle ihre Backen strahlten. Mariechen verabschiedete sich überschwänglich mit Küsschen von ihnen, bedankte sich für die wundervolle Kreuzfahrt und hätte wahrscheinlich alle mit nach Hause genommen, wäre ich nicht dazwischengegangen.

«Edz lass amol däi Kellner in Rouh, däi müssn schließli nu ärberdn!»

«Allmächd, Waltraud, des war a goude Idee vo dir, dass mir beide nuamol a Kreuzfahrt auf unsre aldn Dooch gmacht ham!»

Woraufhin sie mich packte, umarmte, mit Küsschen überhäufte und fast erdrückt hätte. Mühsam löste ich mich aus ihrer Umklammerung, bestellte zwei Gläser Champagner (ja, das können wir Alten uns leisten, die Jungen sollen ruhig weiter an ihrer braunen Brause nuckeln!) und machte es mir auf dem Barhocker bequem.

«Ach, Mariechen, mir hom doch scho so vill erlebt, da kanns ruhig amol a Schiff sei.»

Sie nickte.

«Obbä unsere Busreisen mit der Kirch warn fei a immä recht schäi!»

«Ja, des scho. Weißt noch, wie mir damals im Herbst diesn ökologischen Ausflug gmacht ham?»

«Okömenisch», verbesserte Mariechen.

«Na ja, halt an gmischtn Ausflug, mir Katholischen und ihr Falschen.»

«Was heißt do die Falschen?»

«Na, ebn die Lutherischn halt.»

«Mir Evangelen sind doch kanne Falschn!»

«In Würzburg hobt ihr doch in den Dom gor net neidurft.»

«Hätt mer scho, blouß mir sind halt lieber Kaffee drinkn gangen, bevur mir uns all däi altn Steine ohschaun müsstn. Und toll übernachtet haben mir in dem Hotel Rebstock. Obbä damols hob ich nicht schlofn könner. Da hot eine so gschnarcht, dass mers auf der ganzn Etage ghört hat. Furchtbar!»

«Des musst doch du gwesen sein!»

«Ich schnarch net.»

«Des konnnst obbä blouß du gewsn sei, däi ganze Gruppe wor am Gang außn gstandn, und aus deim Zimmer is des Gwerch kumma.»

«Ich schnarch net! Ich hob sogar extra mol mein Schlaf auf Kassette aufgnommen, und da hatt mer kein Schnarchen ghört! Gut, amol a Pffff oder Prrrrr, und des is nicht außm Mund kommen.» Sie nahm einen kräftigen Schluck von ihrem Champagnerglas. «Aber eine Plage wor des, jede Stund hob ich mich wecken müssen, damit ich die Kassettn umdrehn konnt.»

«Des musst obbä du gwesen sei, wall mir worn ja alle aufm Gang draußn! Dann wollt mer uns beim Pfarrer Robert beschwern. Mir sind zu dem sein Zimmer, ham klopft und sind nei in däi Kammer. Aber er war nicht drin!»

Kaum hatte ich es ausgesprochen, fiel es mir wie Schuppen von den Augen.

«Dann wor der Pfarrer Robert bei dir im Zimmer!»

Mariechen reagierte nicht, sie trank ihr Glas leer, bestellte nochmals zwei Champagner und kramte gedankenverloren in ihrer Basthandtasche. Mir ließ der Verdacht keine Ruhe, ich wollte Gewissheit haben.

«Du host wos mitm Pfarrer Robert ghabt!»

Nun blickte Mariechen auf, schaute umher nach den anderen Gästen und dem Barkeeper.

«Also sag, so was net vor die Leut, des stimmt gar net.»

«Ha, du host dem Pfarrer Robert doch scho im Bus schöne Augn gmacht!»

«Stimmt doch gar nicht. Meine Kontaktlinsn sind mir rausgfallen, und die hab ich am Boden gsucht.»

Auch bei besten Freundinnen gibt's mal schlechte Stimmung.

«Zwischn die Beine vom Robert! Dass du dich net schämst, mit dem Pfarrer anbandln!»

«Edz hörst auf mit solchen Unterstellungen, die Leut hörn des alles, und des stimmt net, du bist doch eine falsche Schlange!»

Empört drehte sie sich weg und las demonstrativ das ausliegende Tagesprogramm, was am letzten Abend der Reise einigermaßen sinnlos war. Aber im Streit wollte ich unseren Urlaub auch nicht enden lassen.

«Edz sei net beleidigt, mir haben so schöne Dooch auf See ghabt, morgen is der Rückflug nach Nämberch, da brauch mer doch net streitn. Ich meins ja nur gut mit dir, und die Gemeinde hat letzte Woche eh gschriebn, dass nächstn Monat wieder a Busfahrt gibt.»

Mariechens Augen leuchteten auf, sie wandte sich wieder zu mir.

«Wo solls denn diesmal hingehn?»

«Nach Rothenburg ob der Tauber inklusive Übernachtung und einem Middochessn im Gourmetrestaurant Mittermeier, in seiner Villa.»

«Schäi, do wolld ich doch scho lang amol hin in des schöne Städtla, wall da hams dich ausgestellt.»

«Mich? Wo wolln die mich denn ausgestellt haben? Ich bin doch da!»

«In der Johanniterscheune vom Kriminalmuseum stehst: als eiserne Jungfrau!»

Jetzt musste sogar ich lachen, und wir prusteten beide los, wobei Mariechen ihren Champagner quer über die Theke spuckte. Unter unserem lauten Gegacker wischte der Barkeeper leicht angewidert den Tresen ab.

«Und weißt du was, Mariechen, der Pfarrer Robert hat auch scho gfragt, ob du wieder dabei bist!»

«Der Pfarrer Robert? Na, des mag ich net, der schnarcht mir zu laut.»

«Haaaa, edz hob ich dich erwischt, also host du doch wos mitm Pfarrer ghabt!»

«Na ja», sie wand sich ein bisschen, «wos is denn do dabei … ich bin allein, er is allein, ich bin evangelisch, er is evangelisch … und es war Buß- und Betdooch!»

Nun hatte ich genug, der Abend war spät geworden, und am nächsten Morgen mussten wir früh aufstehen. So gingen wir in unsere Kabinen und schliefen bei leichtem Seegang ein.

Bereits um halb sechs wurden wir durch eine laute Durchsage von der Brücke geweckt. Nach einem hastig eingenommenen Frühstück verließen wir in aller Eile und Hektik das Schiff. Vom Terminal aus blickte ich noch einmal wehmütig auf den Dampfer, dann wurden uns schon die Koffer ausgehändigt, und ab ging es mit dem Taxi zum Flughafen. Dort gab es die üblichen Durchsuchungen, Durchleuchtungen und Durchschiebereien, bis wir endlich zur Gangway gelangten, wo schon eine lange Schlange stand. Mariechen kicherte.

«Des geht da su langsam vurwärts, wäi beim Seniorenfasching im Altenclub die Polonäse.»

«Hör mir auf mit dem Seniorenfasching. Des war im letzten Jahr furchtbar, der Konfettiregen hat alle Schnabeltassn verstopft.»

«Mir hats gfalln, da wor endli widdä mol was los.»

Sie fing plötzlich an, Gottlieb Wendehals' «Polonäse Blankenäse» anzustimmen – um die Stimmung aufzuheizen, wie sie meinte. Ich entschuldigte mich gleich bei den umstehenden Passagieren. Als wir den Flieger betraten, griff ich unser Gesprächsthema nochmal auf.

«Ach, des war furchtbar, diese Karnevalsfeier. Wer is denn auf die bläide Idee kumma Wourschdschnappn zu machen? Wourschdschnappn!! Vo die alten Leut is doch kanner mehr naufkumma zu däi Wörschd!»

«Ich hab gwonnen. Ich hab mei Gebiss raus, naufglangt, und zack hob ichs ghabt!»

Ich drückte sie auf ihren Sitzplatz, verstaute ihre Handtasche im Fach über uns und wollte nichts mehr vom Fasching wissen. Allerdings schien ich bei Mariechen etwas in Gang gesetzt zu haben. Den gesamten Viereinhalbstundenflug verbrachte sie damit, Karnevalshits vor sich hin zu singen. Ich konnte sie gerade noch davon abhalten, bei «Auf und nieder immer wieder» von ihrem Sitz aufzuspringen. Wie wir unser verschweißtes Imbisspaket bekamen, tönte sie laut «Mer losse d'r Dom en Kölle». Das war zu viel für mich, ich erhob mich von meinem Platz, blickte entschuldigend durch die Reihen und rief: «Mir lassen net den Dom in Köln, sondern es nächste Mal lassn mir des Mariechen zu Hause!»

Tosender Applaus brandete auf, alle Fluggäste schienen mehr als erleichtert, dass sie in Zukunft keine singenden Senioren mehr im Flieger würden erleben müssen. Mariechen hatte natürlich nichts mitbekommen, sondern krönte unsere Reise beim Landeanflug nur mit: «Schäi su a Urlaub, obbä weißt du, was mir wirklich amol nu in unserem Leben machen sollerdn? A Kreuzfahrt!»

Mariechen erzählt von ihrer Geburt

Der 31. Oktober 1928 war ein sehr kalter Tag. In den frühen Morgenstunden fiel der erste Schnee auf die dunklen Dächer der Fürther Altstadt. Mein Vater hastete durch die noch dunkle Gustavstraße. Die Pferdegespanne der Brauereien trabten an ihm vorbei, um die vielen Fürther Wirtschaften mit Bier zu beliefern. Er selbst war schon über zwanzig Jahre Bierführer bei der Geismann-Brauerei und grüßte seine Kollegen.

«Ich komm heut später, mei Fraa kummt danieder. Ich muss die Hebamm holen, des kann jeden Moment passieren!»

«No, hoffentlich werds desmal a Bou. Madli host ja scho gnuch, du alter Büchsenmacher!»

Mein Vater lächelte hoffnungsvoll.

«Ich hob a gouds Gfühl. Mei Fraa war ganz anders drauf die letzten Wochen. Des mou edz endlich a Bou wern, fünf Madli langer doch, und mehr Kinder passen einfach nimmer in unser Drei-Zimmer-Wohnung. Des mou a Bou wern, ich brauch doch endlich an Stammhalter!»

Die Kollegen haben noch viel Glück gewünscht, und mein Vater lief immer schneller zum Haus der Bäckerei Wehr. Im Hinterhaus wohnte die Hebamme, die er schon fünfmal in den letzten neun Jahren geholt hatte. Lieselotte Kindinger war sehr erfahren. Es gab wohl kaum einen Fürther unter vierzig, dem sie nicht ins Leben geholfen hatte.

«Du scho widder, ihr macht ja ein Kind nach dem anderen. Hobt ihr sunst nix zu tun?»

Mit diesen Worten begrüßte sie fast jeden, der sie um Hilfe bat.

«Hob, schick dich, mei Fraa hat gsacht, es dauert nimmer lang, die hat scho gspürt, dass desmal a Bou werd. Ich frei mich scho su arch auf mein Stammhalter. Pack die Daschn und geh mit!»

Kurz darauf waren beide in der Wohnung meiner Eltern in der Badstraße angekommen. Meine Mutter schrie vor Schmerzen, und die Nachbarin hatte schon alles zu meiner Geburt vorbereitet. Meine fünf Geschwister waren in der Wohnstube, die älteren erklärten den jüngeren alles genau. Sie waren ja schon oft bei einer Geburt dabei gewesen, somit war das nichts Neues für sie.

Frau Kindinger kam gerade noch rechtzeitig, ich wollte unbedingt raus aus diesem engen dunklen Bauch. Und schwups – sah ich das Licht der Welt. Das Erste, was ich hörte, war mein Vater.

«Gretel», schrie er, «mir ham an Bou! Endlich a Mannsbild. Du bist a Schatz, mir hom einen Jungen!»

Das hat mich dann schon ein wenig irritiert, ich dachte, ich bin falsch ausgestiegen. Aber Frau Kindinger hat die Sache gleich aufgeklärt.

«Wos bist ner du für a Doldi, des is doch a Madla!»

«Su a Gschmarri», antwortete mein Vater wütend, «der hot doch a Zipferla!»

«Also, dass du so a Doldi bist, hätt ich gor net denkt. Dei

Zipferla ist doch die Nabelschnur! Des ist a Madla, und was für a schäins. Wie solls denn heißen?»

Aber mein Vater war wie geschockt.

«Edz gehts dahie!» waren die einzigen Worte, die er nach dieser schrecklichen Meldung noch herausbrachte.

Meine Mutter, die schweißgebadet im Bett lag, hatte ihn nicht richtig verstanden.

«Ja, Marie is doch wunderbar. Und weil sie so klein und zierlich is, wird des unser Mariechen!»

Von dieser Stunde an war ich das Mariechen, kein Mensch hat jemals nur Marie zu mir gesagt. Und ich freue mich über diese Verniedlichung meines Namens. Denn ich bin ja ein Leben lang klein und zierlich geblieben. Eben ein echtes Mariechen!

Wie man Bären bindet – Mariechen erinnert sich

Wenn ich an meine Kindheit zurückdenke, dann kann ich nur sagen, ich hatte eine wundervolle Zeit. Meine fünf Schwestern und mein kleiner Bruder – ja, mein Vater hat es sich nicht nehmen lassen, irgendwann kam endlich der langersehnte Stammhalter – waren tolle Freunde für mich. Auch später hatte ich immer guten Kontakt zu ihnen. Leider lebt nur noch Margarete, sie ist drei Jahre älter als ich, und mit ihr habe ich immer viel gespielt und tolle Abenteuer erlebt. Als ich sechs Jahre alt war und Gretel, so durfte nur ich sie nennen, gerade ihren neunten Geburtstag gefeiert hatte, kam ein kleiner Wanderzirkus nach Fürth. Das kleine, alte Zirkuszelt wurde unterhalb der Ludwigsbrücke aufgebaut, und wir beide gingen immer nach der Schule dorthin und haben die etwas merkwürdigen Zirkusleute beobachtet.

Am ersten Gastspieltag setzten wir uns auf einen Ast in der Nähe der Zirkuswagen und beobachteten alles genau. Da waren junge Frauen, die in tollen, glitzernden Kleidern Turnübungen machten. Ein muskulöser Mann warf Eisenkugeln in die Luft und fing sie mit dem Nacken auf. Hinter seinem Kopf ließ er die Kugel dann von Schulter zu Schulter rollen. Ich dachte, dass das wohl sehr weh tun müsse. Ein älterer kleiner

Mann kam an, hinter ihm her trottete ein großer Braunbär. Der Bär hatte ein Halsband um, und der Mann zog ihn wie einen Hund an der Leine. Gretel und ich bekamen große Angst, als wir dieses riesige Tier sahen. Gretel fürchtete sich so sehr, dass sie gleich ganz dringend musste. Sie lief in Richtung Fluss und verschwand hinter den Büschen. Ich wartete unten am Baum und schaute, wann sie endlich fertig war.

Und da war sie auch schon wieder. Sie kam durch die Büsche und rannte auf mich zu, doch plötzlich blieb sie wie versteinert stehen und wurde blass im Gesicht. Als ich ihr zurief, was denn los sei, spürte ich etwas Feuchtes, Warmes an meinem Ohr. Ich drehte mich um und schaute in die großen braunen Augen des Bären.

Leider wusste ich mit fünf Jahren noch nicht, wie man in Ohnmacht fällt, denn ich hätte es in diesem Augenblick gerne getan. Ich konnte nicht weglaufen, meine Beine wollten einfach nicht das tun, was ich tun wollte. Der Bär stupste mich mit seiner Nase immerzu in die Seite und wollte gar nicht aufhören. Da spürte ich, dass etwas in meiner Kleidertasche war – ja, genau, mein Pausenbrot! Ich hatte ganz vergessen, es zu essen, weil ich im Kindergarten nur Gummihüpfen wollte. Darauf hatte der Bär es also abgesehen.

Ich nahm das Pausenbrot vorsichtig aus der Tasche, da hatte der Bär es mir schon aus der Hand gerissen. Er setzte sich auf seinen Hintern und versuchte tollpatschig, es mit seinen Tatzen auszupacken. Gretel schrie, ich solle endlich weglaufen, aber der Bär tat mir leid. Mit so großen Tatzen kann man kein Butterbrotpapier auswickeln! Ich hab ihm dann das Brot wieder weggenommen, dabei hat er mich ganz traurig angeschaut, sofern man einem Bären seine Traurigkeit überhaupt ansehen kann. Ich packte es für ihn aus und gab es ihm zurück. So ein leckeres Fürther Brot hatte er wohl noch nie gegessen!

Auf einmal hörte ich eine mir fremde Stimme: «Maxl, schaust, dassd herkommst, lass das Mädel in Ruh!»

Der kleine Mann kam zu uns gelaufen und nahm den Bären an der Leine.

«Entschuldige, kleines Fräulein. Der Maxl schleicht sich immer davon. Brauchst fei keine Angst haben, den hab ich schon als Baby bekommen, und der ist mit meinen Hundewelpen aufgewachsen. Der ist so lieb wie ein Hund!»

«Des is aber ein ganz großer Hund», erwiderte ich, «und mein Pausenbrot hat er auch aufgegessen!»

«Ja, so was – dann muss ich dich ja wohl in unsere Vorstellung einladen!»

«Net blouß mich, sondern meine Schwester, die Gretel, auch!»

So war es dann auch: Der kleine Mann nickte, griff in seine Manteltasche und schenkte uns zwei Eintrittskarten. Maxl, der Bär, schnüffelte noch ein wenig an meinen Haaren, dann gingen beide zurück zu den Zirkuswagen. Ich lief zu Gretel, die noch immer wie versteinert dastand. Sie fiel mir in die Arme.

«Ich hatte ja solch eine Angst um dich!», schluchzte sie. «Gott sei Dank war ich vorher hinter den Büschen – sonst hätte ich mir in die Hose gemacht!»

Wir liefen schnell nach Hause, um allen von unserem Abenteuer zu erzählen. Mein Vater sagte: «Ja, ja, des Mariechen will uns schon wieder einen Bären aufbinden!»

Ja, und seit dieser Zeit erzähle ich gerne meine Abenteuer, die mir alle wirklich passiert sind. Oder hab ich manche nur geträumt?

Fleischsalat – ein Rezept von Sternekoch Alexander Herrmann

für 4 Traditionsverliebte oder 10 Figurbewusste

400 g Fleischwurst – von der lächelnden Sau (gemeint ist nicht der Metzger, sondern das glückliche, freilebende Schwein!). Die Pelle beziehungsweise Haut abziehen und die Wurst in feine Streifen schneiden.

2 mittelgroße weiße Zwiebeln schälen, halbieren, in feine Streifen schneiden, für 1 Minute in kochendes Wasser geben, anschließend abgießen, kalt abspülen und gut abtropfen lassen. (So werden die Zwiebelstreifen etwas vorgegart und sind somit zarter im Geschmack und Biss. Außerdem … na ja … also wegen der Wirkung der Zwiebel bei Mundgeruch und Darmtätigkeiten … beides wird so fast vollkommen verhindert … fast!)

2–3 große Essiggurken ebenfalls in feine Streifen schneiden.

Jetzt die Wurst-, Zwiebel- und Gurkenstreifen vermischen, mit einer Prise Salz, einem Spritzer Essig und einer Prise Cayennepfeffer marinieren und 15 Minuten ziehen lassen.

Währenddessen 2 Bioeier – von glücklichen Hühnern – mit kochendem Wasser bedeckt 7 Minuten (!) kochen, anschließend kalt abschrecken, schälen, etwas abkühlen lassen. Grob hacken und in ein hohes Mixgefäß geben. 190 ml kaltgepresstes Rapsöl (das Pressen übernimmt der Hersteller) langsam zu dem gehackten Ei gießen, dabei mit einem Pürierstab zu einer sämigen Mayonnaise mixen. Diese Mayo, mit Basis von gekochtem Ei, hat zum einen todsicher kaum noch Salmonellen, ist geschmacklich umwerfend lecker und hat eine herrliche Farbe.

Nun 140 g Crème fraîche und die Mayo zu der Fleischwurst geben, vorsichtig unterrühren, sodass die typische Fleischsalatkonsistenz entsteht. (Vergleichbar ist diese mit zum Beispiel frischangerührtem Mörtel, einer Gurken-Quark-Maske oder einer Razulbad-Spezial-Tonerde-Peelingpaste.)

Zum Finalisieren von einer ½ Zitrone etwas Schale fein abreiben und mit etwas Zitronensaft unterrühren. Dann 40 ml Essiggurkensud, Salz und Pfeffer hinzugeben, und für den letzten Kick empfiehlt sich noch eine Prise Cayennepfeffer (sollte unerwünschter Besuch angemeldet sein, kann man auch die Dosis des Cayennepfeffers erhöhen. Je höher diese Menge, umso schneller ist der Besuch verschwunden. Allerdings mit dem Risiko, vorher den Bierkonsum gesteigert zu haben!).

Kurz vor dem Servieren 1½ Teelöffel scharfen Senf und 1 Bund feingeschnittenen Schnittlauch unterrühren und mit geröstetem Landbrot servieren.

Nachwort und Dank

«Waltraud und Mariechen» sind die bekanntesten Bühnenfiguren von meinem Kollegen Volker Heißmann und mir. Über die Jahre haben sie so viel erlebt, dass es einfach an der Zeit war, darüber ein Buch zu schreiben. Es waren viele lange Nächte, aber auch erquickende Morgenstunden, in denen ich die Geschichten niederschrieb. So konnte ich den ein oder anderen Sketch, den ich zusammen mit Volker auf der Bühne entwickelt habe, mit ulkiger Phantasie und neuen Erlebnissen, mit eigenen Gedanken und verrückten Einfällen zu einer neuen Sicht auf die lustigen Witwen zusammenbauen. Da ist nun von allem etwas drin, genauso wie es beim Fleischsalat ja auch ist. Mein Dank gilt hier meinem Freund Alexander Herrmann, der das gar köstliche Rezept für einen Fleischsalat zu diesem Buch beigesteuert hat, ferner folgenden Institutionen, die uns bei den Fotoaufnahmen freundlich unterstützt haben:

Altes Rentamt Fürth
Schauhaus Fürth
Modehaus Wöhrl
Ristorante Pinzimonio
Restaurant La Tasca

Café Süße Freiheit
Kunstgewerbehandel Staudt inkl. Krippenkeller
TV Schnatzky
Comödie Fürth
Stadt Fürth
Bahnhof Fürth (oder was davon noch übrig ist)
Wochenmarkt Fürth
Taxi Malter

Fürth, im August 2011, Martin Rassau

Stephan Serin
Föhn mich nicht zu
*Aus den Niederungen deutscher
Klassenzimmer*

Die Leiden eines jungen Lehrers!
Geschichten von den täglichen Wind-
mühlenkämpfen, Schülern etwas bei-
zubringen, und dem ganz normalen
Wahnsinn in deutschen Klassenzimmern
– mit viel Sprachwitz und Selbstironie.
rororo 62670

Von Amtsschimmeln und Lehrkörpern

Dr. Wort
Klappe zu, Affe tot
*Woher unsere Redewendungen
kommen*

Wissen Sie, warum der Hund in der
Pfanne verrückt wird oder was dem
Fass den Boden ausschlägt? Dr. Wort
schildert ebenso lehrreich wie vergnüg-
lich, woher diese und viele andere unserer Redewendungen kommen.
rororo 62632

Hinrich Lührssen
Raumübergreifendes Großgrün
*Der kleine Übersetzungshelfer für
Beamtendeutsch*

«Personenvereinzelungsanlage», «Bed-
arfsgesteuerte Fußgängerfurt», «Ko-
nisch geformter Schüttgutbehälter mit
Zentralauslauf» – was wollen uns diese
Begriffe sagen? Die absurdesten und
ungewöhnlichsten Begriffe aus deutschen Amtsstuben. Mit Erklärungen!
rororo 62555

Alle Titel auch als E-Book erhältlich. Weitere Informationen unter www.rowohlt.de

Bruno Ziauddin
Grüezi Gummihälse
Warum uns die Deutschen manchmal auf die Nerven gehen
Sie kommen in Scharen, sprechen laut und wissen alles besser. Immer mehr Deutsche leben und arbeiten in der Schweiz – und treten dort in so manchen Fettnapf.
«Frech!» (NZZ am Sonntag)
rororo 62403

Ausländer sind manchmal ganz schön komisch

Dieter Moor
Was wir nicht haben, brauchen Sie nicht
Geschichten aus der arschlochfreien Zone
In der Brandenburgischen Provinz möchte Dieter Moor seinen Traum vom eigenen Bauernhof verwirklichen. Die neuen Nachbarn sind für allerlei ungeahnte Herausforderungen, komische Missgeschicke und skurrile Situationen gut. Eine charmante und witzige Liebeserklärung an eine verkannte Region. rororo 62475

Angelo Colagrossi
Herr Blunagalli hat kein Humor
Ein sprudelnder Italiener gefangen in Deutschland
Südländler trifft Teutonen! Angelo Colagrossi bleibt mit dem Zug im Schneechaos stecken. Während in den Waggons das Chaos ausbricht, erzählt er anekdotenreich und urkomisch von seinem Leben in Deutschland und seiner Arbeit fürs Fernsehen und seine Stars. rororo 62591

Weitere Informationen in der Rowohlt Revue oder unter www.rororo.de